青春美文精品集萃丛书·美好时代系列

美好追求的喜悦

《中学生博览》杂志社 选编

时代文艺出版社

图书在版编目（CIP）数据

美好追求的喜悦 /《中学生博览》杂志社选编. -- 长春：时代文艺出版社，2021.6
（青春美文精品集萃丛书. 美好时代系列）
ISBN 978-7-5387-6832-9

Ⅰ. ①美… Ⅱ. ①中… Ⅲ. ①作文－中小学－选集 Ⅳ. ①H194.5

中国版本图书馆CIP数据核字(2021)第111646号

美好追求的喜悦
MEIHAO ZHUIQIU DE XIYUE

《中学生博览》杂志社　选编

出 品 人：	陈　琛
责任编辑：	徐　薇
装帧设计：	孙　利
排版制作：	隋淑凤

出版发行：时代文艺出版社
地　　址：长春市福祉大路5788号　龙腾国际大厦A座15层　（130118）
电　　话：0431-81629751（总编办）　0431-81629755（发行部）
网　　址：weibo.com/tlapress（官方微博）　sdwycbsgf.tmall.com（天猫旗舰店）
开　　本：880mm×1230mm　1/32
字　　数：135千字
印　　张：7
印　　刷：三河市嵩川印刷有限公司
版　　次：2021年6月第1版
印　　次：2021年6月第1次印刷
定　　价：36.00元

图书如有印装错误　请寄回印厂调换

编委会

编委会主任：刘翠玲　夏野虹　高　亮

编　　　委：宁　波　孟广丽　张春艳

　　　　　　李鹏修　苗嘉琳　姜　晶

　　　　　　王　鑫　李冬娟　王守辉

Contents
目　录

追梦少年不孤单

追梦少年不孤单　/　黄晓晴　002
成为自己的波风水门　/　左　夏　007
年少不轻狂　/　果　舒　011
夏天里的欢喜只会东张西望　/　夏南年　024
我在人间，有冷也有暖　/　小太爷　032
为自己的心愿买单　/　愈　之　035
写给你，我最亲爱的青春　/　觊　沐　039

小人物的善良

小人物的善良　/　谢小米　050
我亲爱的 26 号阿姨　/　zzy 阿狸　055
阿公阿嬷　/　无　恙　063
个性 boy 贾总　/　小太爷　068

我家老张的十个日常 / 方　淮　071

年又又，蓝格子笔下的炸鸡少女 / 洪夜宸　077

我家"太后"就是这么任性 / 夏洛特烦恼　083

余生，请多多关照

姑娘，谈恋爱并不能改变你的现状 / 左　夏　090

初恋这件大事 / 果　舒　093

纸短情长，小心轻放 / 三金道长　108

余生，请多多关照 / 琉　筱　114

他路过我的青春，惊扰了谁 / 槿烟雨　117

最好别回忆最好你忘记

最好别回忆最好你忘记 / 左　夏　124

梦 / 绸　缪　127

走失了谁的少年 / 太阳雨　133

时光与你，我都来不及好好告别 / 鹿　眠　143

我的少年 v　/　泪　安　151
时光毋念　/　祗　念　161
若明晓溪　/　兔子先森　165

你不在灯火阑珊处

假如所有的喜欢都有迹可循　/　沐晚歌　172
你不在灯火阑珊处　/　舸　轩　178
愿你被很多人爱被岁月温柔以待　/　苏　意　186
我们曾相遇　/　佟　杨　191
从你的全世界路过　/　卫小味　198
自闭症患者　/　暮　苏　202
如果没有你　/　林初虞　211

追梦少年不孤单

追梦少年不孤单

黄晓晴

Part 1

记者社换届前夕,我突然决定不参加竞选。学长打电话说:"无论你做出什么选择我都支持,既然决定了就不要再犹豫。去做你喜欢的事吧,要做最真实的自己……"

我在记者社待了一年后,发现我喜欢的是纯文学,而不是中规中矩写好六要素的新闻稿。所以我没有听学长的话留在记者社"深造",而是义无反顾地选择了退出。《东邪西毒》里说:"每个人都会经过这个阶段,看见一座山,就想知道山后面是什么。我很想告诉他,可能翻过去,你会发现没什么特别,回头看会觉得这边更好……"所以我回到山的这边,安静地写我的文字,继续我倔强的梦想。既然心有所爱,就要无所畏惧地追随。

Part 2

窗外毫无征兆地下起了雨,雨声中夹杂着蝉鸣。我还在马不停蹄地写稿,写一个女生陪另一个女生追梦的故事。

时间回溯到2007年。一口气读完几张报纸后,我记下报社的邮编和地址,怂恿旁边的伶投稿。于是两人写完稿后,一起去邮局买邮票。当装着稿纸的信封滑进绿色邮筒时,我感到如释重负,好像文字梦化成蝴蝶飞出去一样……忘了是多久以后,一个信封终于划破了午后的宁静。我小心翼翼地拆开信封,迫不及待地抽出样刊,翻开报纸,快速搜索自己的名字,以近乎一目十行的速度看那些铅字,一脸的沉醉和幸福……

那时我们一直走在追梦的路上,走在去书店买杂志的路上,或者走在去邮局买邮票的路上。她是我追梦路上最初的陪伴,就像她说的:"虽然我不是很喜欢文字,但我想陪那么热爱文字的你,追逐你的梦想,不让喜欢文字的你孤单……"

Part 3

当我带着笔、纸和杂志,想来一场灵魂的出走时,我想到了阿青。于是我从广州坐地铁穿行到佛山,拥抱她之前就想好怎么在她那里蹭吃蹭喝了。

阿青厨艺很棒,给我做了我喜欢吃的菜,还给我煲了一锅鸡汤。我不知道阿青是怎么煲出汤汁鲜甜的鸡汤的,只知道我喝得津津有味忘乎所以。吃饱喝足后,阿青问我有没有坚持写作。我拿出杂志,给她看我的文章。

阿青每次见到我,都会问我有没有坚持写作,最近在写什么,诗歌还是小说?她叫我不要放弃写作的时候,我还信誓旦旦地对她说了一句很酷的话:"梦想再遥不可及,放弃都要开死亡证明。"结果阿青没听清楚,就只听到了"死",给我说了一堆要好好活着的话,最后说了句:"生活多美好,你活着还可以跟着我蹭吃蹭喝,喝我给你煲的爱心鸡汤……"

那一瞬间,我觉得她好可爱。傻瓜,我当然会好好活着,因为我有一个未完待续的梦呀。

Part 4

"如果说,在你失落、无助的时候,有人肯靠近你,听你说话，那个人便值得你去记住。那我，真的很想当那个被你记住的人……"

有时候我会翻看以前的说说和留言，把负能量负面情绪的说说都删除，却被留言里一堆遗忘太久的关心感动得一塌糊涂。在我为梦想感到迷茫感到自卑的时候，L婷认真地看了我很多文字，说她喜欢我文字里的那种不浓不淡的忧伤，喜欢我小说里那种干净清澈的回忆。她鼓励我继续写，继续往前走，在我灰心的那段时间，在我的留言板留了很多暖心的话——

"忧伤的时候想想阳光的温暖，还有美好的东西。不管以后怎样，你难过的时候，我永远在这里。"

"张爱玲说，每个人心里都有一座伤城。其实不是的，每个人的心里都可以有一片森林，有阳光，有澄澈的空气，有自由的美好。希望你有这样的一片森林，而不是伤城。"

"看书时看到张晓风的一句话：没有剧烈的痛，也就没有完整的愈合。送给你，你要一直走下去哦。"

……

如果我一直走下去，走到太阳每一天升起与降落的远方，再回头来看看她给我写的这些话，我依然会像现在这样，感动到想流泪。

Part 5

"有一种孤独是,我们相隔万里,只能通过文字彼此温暖。但只要你想说,我就愿意听。而这一次,我要穿越人海,用心问候你。"

我在《你的孤独,虽败犹荣》里看到这段话时,想起了陪我追梦的伶,想起每次见面都会关心我的文字的阿青,想起在我自卑难过时鼓励我一直走下去的L婷……她们曾经无数次穿越人海、用心问候我,让我不孤单,让我相信阳光相信远方。当她们不开心,或者没有勇气没有力气往下走的时候,我也会跨越山和大海,跨过人山人海,给她们温情的拥抱和问候,像她们当初拥抱、问候我一样。我希望我们能一直相倚在光阴下,自由自在地为梦奔跑,然后心满意足地成长。

我会像风一样奔跑,像梦一样自由。我会在希望的彼岸,在日出日落的远方,面朝大海,春暖花开。

成为自己的波风水门

左 夏

我有一头天生的鬈发,我曾经非常非常嫌弃它。

从小我就期望自己能有一头飘逸的长发,在夏天的傍晚,可以映着天边的晚霞,着一袭轻盈的长裙,缓缓地走在绿荫道旁,凉风轻拂,长发飘飘。像旧电影中的女主角一样。

那样的自己,一定很美。

但我的头发却是烦人的自然卷,头发永远是蓬松而卷翘的。长发垂肩始终是我可望而不可即的梦想。

在齐刘海儿风行校园的那段时间,我也曾经跟风去剪过,但效果却是惨不忍睹——想象中顺滑垂于额前的刘海儿与镜子中歪七扭八乱糟糟披在眉角上的那撮头发,未免差别太大。遗传基因太强大,化学药水和高温烫发都于事无补。前前后后去美发店弄过好几次,无一例外的都是直溜了不过一个月就又恢复原样。除了发质变得越来越差，反复折腾并没有给我带来任何变化。

我不喜欢我的自然卷，我非常非常的厌恶这一头天生的鬈发。

因为自然卷的原因，头发总是留不长，长了以后不是柔顺披肩而是四向蓬开。从小学到中学，我的发型一直都是随心所欲地"千变万化"。自觉心灰意懒，没有费心去打理，有时直接就是走杀马特风以爆炸头示人，由此也收获了"锅盖""泡面""外国"等一系列形容我发型的外号。这样特征鲜明的我走在校园中总是格外地抢眼，而我，却是一如既往地自卑。

直到有一天，隔壁班一个活泼热情的女孩儿跟我说："你的头发好特别，我很喜欢你的自然卷。"

这是我第一次听见别人说喜欢我的卷发，喜欢我一直嫌弃厌恶的这头卷发。

我的第一反应就是她在反讽我。

从小到大，因为这头特异的头发，我受过不少嘲笑，早已见怪不怪。但她的眼睛里却盛满阳光，不像讥讽我的那些人，眼里泛着狡黠的光。

那个女孩儿问我："你看过《火影忍者》吗？"

"有，但很少。"

"里面有一个角色我很喜欢哟。"

"漩涡鸣人吗？"

"不，是波风水门，他曾在救玖辛奈的时候说过'你的红发很漂亮，我一下子就注意到了'，在所有人都因为玖辛奈与众不同的红发而取笑她的时候，唯有他喜欢玖辛奈的红发。"

"波风水门？"

"嗯，就是鸣人的父亲四代目火影，玖辛奈是鸣人的母亲。现在的你就像最初的玖辛奈一样啊，总会遇到属于你的波风水门的。"女孩儿咧开嘴爽朗地对着我笑，眼睛眯成了月牙弯。

也正是从那一天起，我才开始重新审视自己这一头天生的鬈发。或许，它并不像我所认为的那么糟糕。至少，它很特别，不是吗？那我何不成为自己的波风水门？这样一想我突然觉得眼前的鬈发可爱多了，对着镜子里的自己笑了笑，开始细细梳理蓬松的鬈发。

慢慢地，我开始从网上学一些编发的技巧，试着给自己扎一些简便整洁的发型，再别上发卡，还特意留几缕鬈发披散在肩，再看镜中的自己，显然干净清爽了许多。

在夏季的午后，着一袭长裙，清风拂面，鬈发清扬，竟也是一种别样的美。

渐渐地，我发现身边的人对我的头发的评价变了，"自然卷这么好看，可比我烫的头发好多了。"——羡慕和赞美慢慢替代了讥讽和嘲笑。

所以亲爱的女孩儿，如果你有什么与众不同的地方，不要妄自菲薄,也不要因他人的非议而自卑,要相信这些特征只是玖辛奈的红发,美得别致而已。即使没有赞美声如潮,也要成为自己的波风水门,去欣赏自己的与众不同。

因为,你本就是这世上独一无二的存在啊。

年少不轻狂

果 舒

奇怪的女孩

拥挤的人潮中,楚天第三次见到这个奇怪的女孩儿。她左拐右拐就走进了一个教室,那个方向,好像是自己班啊。原来她就是那个传说中成绩好到逆天、被学校花钱"买"回来提高知名度的转学生啊。此刻,她站在讲台上,目视前方,一张秀气的小脸上没有表情,说着硬邦邦的话。

"大家好,我是肖沐灵。"简洁明了,透着阵阵疏离的感觉,犹如她给人的印象。没有人会在转学第一天就给自己贴上"生人勿近"的标签,这可真是个奇怪的女孩!

可是,她不应该是这样的。楚天有些偏执地认为。

第一次见到肖沐灵是在傍晚空旷的公园里,夕阳把最后的余晖毫不吝啬地洒向人间,如夏花般绚烂的云彩把整个天空点缀得美轮美奂。楚天坐在草地上蹂躏着眼前的花花草草,残碎的花瓣落了一地,而那个残忍的"凶手"还不解气。他刚跟他爸妈又吵了一架,原因是他爸妈把他新买的"潮服"当垃圾处理了。

"谁叫你随便动我东西,我说过不准你们进我房间的!"

"怎么说话呢你!这是该对你妈说话的态度吗?"

"看看你整天穿成什么样,那裤子左破一个洞右破一个洞,跟乞丐一个样,我告诉你赶紧给我脱了换了。"

"这是时尚你懂不懂啊!不懂别乱说行不行啊?"

"我叫你读书不是叫你整天搞这些乱七八糟的,还有一年就中考了你能让人省点儿心不?我最后一遍告诉你,赶紧把这些破衣服给我扔了,看了就让人心烦!"

"我就不!"伴随着最后一句嘶吼,楚天摔门而去。实在跟他们无法沟通,他们就是一群老古董!

这衣服多潮啊,走出去大家都投来羡慕的目光,多威风多有面子啊!还说这是破烂?真是没见识!没见识!

就在楚天滔滔不绝地对着花草抱怨的时候,耳边突然响起了猫狗叫声。楚天抬起头来,逆着光走来的肖沐灵就这样进入了他的视野,她头上扎着马尾辫,穿着宽大的叮当猫T恤,怀里抱着一袋子东西,整个人沐浴在夕阳的余晖下。当她出现的时候，整个世界好像都安静了，只剩下少女美好的笑靥和暖色夕阳。

公园里的流浪猫狗从草丛里钻出来纷纷围着少女打转，肖沐灵蹲下来，嘴里念念有词。

"晚饭时间到啦，我的小宝贝们。"

"罗恩，别吃太急了。"

"赫敏，你是不是又跟邓布利多打架啦？"

听到少女对着流浪猫狗念叨的名字时楚天差点儿笑到岔气，她是有多迷哈利·波特啊？

"奇怪，缺了一只，哈利·波特去哪儿了？"肖沐灵站起来左顾右盼，然后就看到了角落里的楚天。他的笑容还来不及收回来，笑脸突然僵住，甚是滑稽。

真是个奇怪的人。

肖沐灵又瞄了一眼他的穿着，呃，这衣服都不能算是衣服吧，那么破烂！看起来和自己同龄呢。

楚天觉得肖沐灵看着自己的眼神甚是奇怪，被哥帅到了？不太像。她也觉得我这身衣服很潮？有可能，她一直盯着我的衣服看呢！想到这里楚天得意地看了肖沐灵一眼。那得意传递到了肖沐灵这里就成了身处逆境里也坚强有志气的表现，实在是太励志了！肖沐灵觉得自己应该做点儿什么。

她摸遍全身口袋，然后走到楚天面前："去买点儿好吃的吧，加油！"把仅有的二十块钱丢下后她头也不回地走了。

听到这句话如果还不知道是什么意思那就是傻子！楚天拿起钱气得差点儿爆粗口。这女孩是把他当乞丐了啊！

又想起刚才女孩儿长久地凝视着自己的衣服，对，她是在看到衣服之后眼神开始改变的，难道……难道这衣服真那么惨不忍睹？

青春期遇上更年期

被当成乞丐回到家后的那个晚上，楚天一股脑儿把那些"破烂"衣服给丢了。在爸妈赞许的目光中那些衣服进了垃圾箱，他在沙发上一坐下就见刚才还吵得面红耳赤的爸妈这会儿一脸亲切笑容地走过来。

"知错就改就是好孩子。"楚爸一副"孺子可教"的表情，笑着拍了拍儿子的肩膀。"长大了，肩膀也变宽厚了，已经不再是小时候那种看起来一拍就散的小身板儿了。"

楚天现在不屑理会楚爸，年少幼稚的自尊不愿向任何人低头。在他心里长辈就是一群老古董，虽然这次他们的想法是正确的，而自己是错误的。他难得地没有反驳，只是因为自己心知肚明自己一直都在强词夺理。另一方面，他的心情还没有平复过来，被一个同龄人当成乞丐对一个正值青春期的少年来说是一个莫大的耻辱！而更让人气愤的是，他没有任何理由去埋怨那个女孩儿，毕竟她当时也是好心，只是好心办了坏事。而造成当时女孩儿理解偏差的也是楚天自己。傍晚无人的公园，穿着破破烂烂的自己，由于在草地上打过滚儿还邋遢至极，任谁都会把自己和"乞丐"联系在一起吧。

所以，只能怪自己啰！这可真是个又无奈又悲伤的结论。

楚天第二次见到肖沐灵是在商场里，她抱着一个一米八高的布绒玩具从一间名叫"千纸鹤"的店里走出来。高大的布绒玩具完全挡住了她娇小的身躯，她走路的步伐有些凌乱，好几次都跟跟跄跄的，他真担心她被那只大熊给压垮了。楚天犹豫着要不要去帮助她，虽然说自己也不是那种闲得无聊喜欢多管闲事的人，但偶尔助人为乐一下应该也不赖。不过当楚天决定好是否过去的时候，已经有人捷足先登了。楚天看见有个"模样好看"的男生走过去接过少女怀中的大熊，对着她露出洁白漂亮的牙齿。"模样好看"是形容女生的说法，楚天觉得苏昊然长得太娘了，一个大男生长那么好看干吗？跟白斩鸡似的，楚天在心里诽谤。没错，刚才和肖沐灵走到一起的就是学校的知名人物苏昊然。学霸、好体格、年级代表……这些就是苏昊然身上与楚天截然相反的标签。

从回忆里拉回来，楚天凝视着坐在自己面前浑身散发冰冷气息的肖沐灵，百思不得其解。若不是自己衣柜里的

"破烂"衣服都不见了,他都要怀疑自己前两次见到的都是别人了,或许是双胞胎?怎么可能!他在商场的时候清楚地听到苏昊然叫她"沐灵"了。

楚天觉得自己简直无聊爆了,竟会去钻研这种问题,又不关自己的事儿!

放学回家,楚天一进门就闻到了辛辣的菜香。楚妈从厨房里端菜出来,说:"回来啦,快去洗手,可以吃饭了,我做了你最爱的辣子鸡丁。"

坐在饭桌前,在昏黄的灯光的衬托下,一家三口显得其乐融融,可惜,永远有个不搞破坏会死星人。

"妈,这菜怎么这么咸?"

"这汤也太淡了吧?"

"还有这辣子鸡丁怎么都是辣椒?"

……

本来应该温馨的晚餐一下子像跌入了冰窖,气氛冷至冰点。

"臭小子,要吃就吃哪儿那么多废话!"楚爸阴沉着脸,"你妈每天煮饭给你吃还被你这么嫌弃,有本事别吃!"

"不吃就不吃!你当我稀罕啊!"

"行,你能耐了,这顿不吃下顿你也别吃!以后都别回来吃了。"

"这话可是你说的,以后我就不回来了!"楚天说着走向玄关。

"臭小子你要是敢出去以后都别给我回来!"

回应楚爸的是砰的一声摔门声。

"你也真是的,就不能跟他好好说吗?他这饭可没吃完呢!"楚妈埋怨道。

"别管他!长大了翅膀就硬了。"楚爸叹息一声。

没有一种爱活该被等待

楚天那天摔门而去后就去了好兄弟王志强家,他爸妈常年出差,一年在家的日子算起来不到三十天,一栋小洋楼空荡荡的只有王志强和保姆两个人。

"你也真是的,干吗老跟你爸妈怄气,天天都吵,你不嫌烦我还嫌了呢!"王志强眼神里满是不赞许。

"你以为我愿意啊!我看见我爸妈说话就忍不住顶嘴,只要我说的他们全都反对!比如跳舞吧,我说想去学街舞差点儿就被我爸骂到狗血淋头,他们完全不理解我!"

"你怎么不试试理解他们。好好沟通事情就能解决的。"

"切,我真羡慕你,没人管多自由!我妈天天唠叨烦都烦死了。"

"羡慕我?你开玩笑吧。我想要人管都没有呢。"王志强刚说完,门铃就响了,"等我一下。"

王志强去开门的空当儿楚天就站在房间里打游戏。随着开门声,耳边传来清脆如铃铛般的悦耳女声:"小强哥,我奶奶做了些点心,邀你过来我家。"

这声音不是班里"冰山女"肖沐灵吗?这么活泼?又转性啦?楚天走出来想一探究竟时,听王志强回应道:"我待会儿过去,带我朋友一起可以吗?"

"可以。"

送走肖沐灵,王志强一回头就看见笑得一脸春心荡漾的楚天。

"干吗呢你?"

"你怎么和肖沐灵认识呢?"

"她是我隔壁邻居。青梅竹马呢!等会儿见到态度放好点儿啊!"

"她是我同学呢!但她在我们班那么冷淡,怎么现在这么活泼?"

"她在生人面前是那样的,熟了就活泼了。待会儿去她家不要给我多嘴问类似她爸妈的问题,她爸妈两年前车祸去世了,那次他们一家人去云南旅游,在去丽江的途中他们乘坐的巴士发生了侧翻,她爸妈当场死亡,而她被她爸妈保护得很好,只受了一点点伤。以前她是个很任性很会闹的小姑娘,车祸后就开始安静了,还好,她挺过来了。沐灵要是知道你现在是离家出走的话肯定会对你嗤之以鼻的。她认为每一个不对自己爸妈好的人都是混蛋。"王志强幸灾乐祸地看着瞠目结舌的楚天。

肖沐灵家也是和王志强家一样的小洋楼,不同的是,她家前面有一个不小的院子,种满了各色花卉,引得蝴蝶纷飞,蜜蜂群舞。

肖沐灵看见楚天跟着王志强走进来的时候错愕了一下,小强哥怎么会和这个不良少年在一起呢?

"阿强来啦,还带朋友过来,不错不错,快过来坐吧。"

"奶奶好,我叫楚天,是志强的朋友,也是沐灵的同学。"楚天一进门就看见了一身蓝色连衣裙的肖沐灵还有她旁边坐在轮椅上的慈祥老太太,赶紧上前问好,第一印象是很重要的。

"阿灵的同学啊,这丫头,怎么不介绍呢?"老太太转身嗔怪了一下孙女,"阿灵在班里怎么样?和同学们相处得好吗?我就怕她在外人面前跟个木头似的都不会说话。"

楚天在心里给老太太点了个赞,但嘴上却说:"没有的事儿,她在我们班里很好,天天得老师表扬呢,是我们学习的榜样,和同学们相处得也很好。"这也不算撒谎吧,虽然没有什么朋友,但也没什么麻烦,也算是"相处很好"了。

午后的阳光穿过栏外树枝,斑驳地洒在原木的桌子上，桌子上放着漂亮的芋艿蛋糕和其他精致的点心，栏下大丛的孔雀草开着绚丽的花朵，仿佛风中都飘散着悠闲淡泊的味道。院子里，楚天总能用各种笑话逗老太太开心，肖沐灵看着楚天的笑脸，觉得人生充满了不可思议。明明不太可能有交集的几个人，却因为一顿下午茶结缘了。肖沐灵收回之前对楚天的差评，能把老太太哄开心的人不会太坏。

在一个阳光明媚的中午，肖沐灵主动跟楚天说话了："楚天，你怎么还不回家啊？"

"我离家出走好多天了。"楚天还没意识到问话的人是谁就脱口而出，等意识过来后悔已经来不及了。

"什么？你怎么这么幼稚呢？"肖沐灵瞬间变了脸色。

"你知道你这么做他们会有多伤心吗？你父母对你那么好却从来不要求你做什么，你却反过来伤害他们，你是怎么想的？"

楚天最近也已经在后悔了，总以为离开爸妈后会很自由很开心，结果却不是自己想的那样。少了妈妈的唠叨总觉得缺了点什么，没有爸爸的关注生活变得索然无味。刚离开的时候是很兴奋很开心，但久了就淡了，还变得更加烦躁。他也反省了自己，是自己的不对，可他们怎么能这样，说不管自己就不管了呢！楚天突然觉得很委屈。

"楚天，你妈让我拿给你的饭盒和包裹，叫你天气转凉穿多一件，什么时候想好了随时回家。"一个同学突然走进来给楚天送东西。

"他们多关心你啊，楚天，你要懂得感恩，不要肆意地挥霍你爸妈对你的爱，以后后悔就来不及了。不要嫌爸妈管你太紧，你知道小强哥多希望他爸妈能多管管他吗？可他们都太忙了没时间，对一些人来说被管也是种奢侈。不要嫌你爸妈跟不上时代什么的，他们的观点是和你不同，但他们走过的路比你打过的游戏都多。他们的出发点是好的，如果在一件事情上他们不能理解你，你就去理解他们，再试图去让他们理解你，他们会愿意改变自己的想法的，因为他们爱你。不要总想着和他们吵架，父母与子女的战争里从来就没有赢家，只是伤得更重的永远都是爱子女更多的父母。"

"楚天，你知道我多羡慕你吗？"

肖沐灵走后，楚天在教室里一个人吃便当吃到哽咽。

辣子鸡丁的辣椒还是那么多，辣得他直掉眼泪。

最亲爱的

楚天开始频繁地找肖沐灵问问题，虽然她还是一贯地不给他好脸色，但看着他诚心向学的份儿上，每次她还是会耐心地解答。

日子就在撕日历中快速来到了学校一年一度的文艺汇

演日。

舞台上一袭白色礼服的肖沐灵优雅娴熟地将小提琴架在自己的锁骨上方,左手拿着弓子。一身黑色燕尾服的苏昊然坐在高大的三角钢琴前,侧对着观众。从第一个音符la开始,缓慢而忧伤的小调慢慢地充斥在整个大厅内……

"楚天,加油!"节目结束,下台的时候肖沐灵对即将上台的楚天道。楚天回应给她一个自信的微笑。

这可是他证明自己的机会,他准备了那么久,怎么都不会让自己后悔!

音乐响起,舞台上的少年随着音乐开始动起来。每一个动作都在节拍上,每一个转身都是精心设计。音乐变换着,少年的步伐也改变着,随着高潮迭起,少年的舞步也引发目不转睛的观众响起阵阵惊呼与呐喊。舞蹈着的楚天是个精灵,他释放出的青春活力感染着在场每一个人,他舞蹈出的青春能量让世界都为他着迷。舞毕,掌声雷动。

他们来了吧?他爸妈看到他精彩的表现了吧?

楚天一下台就往外走,他真的想他爸妈了。

"臭小子,我们在这儿呢!"

那么熟悉得让人讨厌的一句"臭小子",为什么突然让人那么想掉眼泪呢?

楚天回头,看见带着他爸妈来到后台的肖沐灵,她微微一笑就走开了。

"累了吧,快喝水。"楚妈赶紧拧开矿泉水瓶递上来。

楚天接过矿泉水瓶，一瞬间红了眼眶。

"爸妈，对不起。曾经是我不好，请原谅我。"他说的话带着哭腔。

"没事没事，你回家就好。"楚妈很欣慰地点点头，看着瘦了几斤的儿子眼眶里也挤满了泪珠。

"臭小子，跳得不错，颇有当年你爸我的风采，哈哈……"楚爸豪爽地笑起来，"我当初反对也是因为当年我跳舞的时候老受伤，担心你，才不让你跳的，你爸我也年少轻狂过。不过，年轻人，多受点儿伤才会长大嘛，我也不拦着你了，既然喜欢，就去跳吧。这次，我和你妈都支持你！谁叫你是我们儿子呢！"

"谢谢你们的理解，爸妈，我们回家吧。"

"好，这就回家。"

"妈再给你炒辣子鸡丁去，这次保证鸡丁比辣椒多！"

"喂，肖沐灵，你想你爸妈吗？"

"你看过麦兜吗？"

"喊，我才不看那么幼稚的东西呢。"

"那时候我爸妈陪我在电影院里看麦兜，结束的时候，屏幕上出现了这么一句话：我没有离去，我只是换了个地方，活在爱我的人心中。所以……"少女顿了顿，说，"我永远不会感到孤单，因为我知道他们一直在我身边，从未离去。"

夏天里的欢喜只会东张西望

夏南年

一

翻开刚收到的《中学生博览》，正好看到星座的栏目，里面说："巨蟹座女孩儿乖巧安宁，美好灿烂。她们温柔，不急躁，很少发脾气。"于是我兴冲冲地跑到走廊把杂志拿给顾晴天看："你看连书上都说了，我乖巧安宁，美好灿烂……"

"你确定你这副丧心病狂的模样要让苏暮晨看到？"顾晴天毫不客气地打断我。

"这有什么的，和你说了，我和他已经没关系了。"我以为顾晴天是在逗我，毫不犹豫地接道，没想到一转身便看到人群中的你的黑白格子衬衫，阳光照下来，像一幅美不胜收的剪影画。我瞬间安静了下来，小鸟依人状拉着顾晴天朝你走去，手中的《中学生博览》被微风吹得直翻页。

我是故意大步从你面前走过的，姿态张扬却有些因刻意而出现的僵硬，其实我只是想让你看到我。苏暮晨，如果你知道我手中的杂志里有我的文字，如果你在那时相信我真的可以将圆珠笔字印成铅字，我们的结局还会是像现在这样吗？

顾晴天出乎意料地只是握着我的手，没有任何嬉皮笑脸的吐槽和高度黑，显得无比亲昵。这个小妮子太了解我的心思了，刻意在你面前替我营造过得很好的迹象。记得《我可能不会爱你》里，程又青曾说过的"我想要梦想，也想要你"，心里蓦地难过。你真的很特别，我们结束的原因更为你增添了一份特别。

时间在一瞬间变成了透明的风的颜色，我心里的难过和失落早就消失了。只是在这种时刻，我还是会记起蜡烛的微光描绘的我的名字，还是会记起每天早上温热的早饭，还有你温润的笑容。

独木舟说过："我们曾经一起死过，为什么不能一起活？我们曾经那么契合过，为什么一定要分开？"

二

遇见你是一个特别偶然的机会，这些都不重要，重要的是，我们在很短的时间里走到了一起，在我十六岁这样美好的年纪。不能否定，你真的是所有女生都会喜欢的那种人，干净的容貌，稳重成熟，对我很好很温暖，即使是这样，你仍旧觉得不满足。

那时我跟顾晴天开玩笑黑自己："苏暮晨喜欢我真是亏大了。"我这么说，是因为怕从别人口中说出这样的话我会难过。毕竟我和你的距离，相距十万八千里。

这种距离有多遥远呢？就是在我偷偷趴在垒得高高的课本后面看小说看得津津有味却要提防着不时围着教室走一圈的老师的时候，你起身主动问老师那道很难的题目时的距离；就是考完试以后我只有语文成绩还能在这个实验班里拿得出手，而你在年级的排名比我在班级的排名还要靠前时的距离；就是在我终于能趁着妈妈不在家用电脑打自己的文章时你可以随心所欲地看电影打游戏到凌晨时的距离……

我跟你这么说的时候，你笑得很安静："那我就拉着你努力啊。"

"嗯。"我点点头，心里涌起小小的失落，其实我特别想诚恳地告诉你我觉得我的心思不在这里。

初中毕业以后，我不知道从什么时候开始要求自己无论如何不能让自己委屈，让自己成为以前最讨厌的那种人。所以面对很多事情的时候，我都选择义无反顾地坚持自己，然后在时间的打磨下那些随意变成了习惯，又在家庭环境下开始了恶性循环。

所以你成了我生命里最大的温暖。

我最开心的那天是你陪我度过的。炎炎的夏日，我趁着父母去外地出差，家里没人的空当偷跑出去找你玩。你带我去我们这座小城市里唯一一个大型的游乐场，离得很远就能看到巨大的摩天轮带着斑斓色彩与云相伴着转动。

我胆子小，有点儿强迫症，总幻想着自己坐的东西会在半空中断掉摔下来，几乎什么都不敢玩。但你拉着我去了惊险又刺激的鬼屋。

其实初中的时候有段时间因为看鬼故事，我连奶奶家的楼梯都不敢一个人上，过了很久才慢慢缓过了神，但那天我还是毫不犹豫地跟你进去了。

因为那天的阳光特别灿烂，我想着从黑黑的鬼屋里出来后便会看到明亮的世界。我特别喜欢这种感觉，而且你在身边，我便很安心。

"别怕，我在呢。"你拍拍我的头，拉着我走了进去。那间鬼屋挺长的，我每走一步腿都有点打战，但一想到你在身边，就又有了走下去的力量。我想在生活里也是如此。

别怕，我在呢。苏暮晨，这是我听过的最好的情话。轻轻一句，撩动了整个夏季的温热，我的十六岁因为你而闪闪发光，因你而与众不同。

三

记得以前顾晴天说过:"我估计你和苏暮晨一辈子都不会吵架。"

"为什么啊?"我纳闷地问她。

"因为你们两个根本吵不起来,肯定是你一生气他就立刻认错了。"

我哈哈大笑,赞同又甜蜜地点了点头。

所以就像一直沉默接受所有人欺负的人一旦爆发起来会很恐怖一样,我们第一次争吵之后我就与你有了很大的隔阂。我不知道你会不会这么觉得,我也不说,只是一味无奈地把责任推给距离这个的东西。

你的成绩不是轻易就能得来的,周末的清晨你给我发QQ消息:"每天早晨读十分钟的英语,对提高英语成绩很有帮助。"

我顺手回复道:"怎么可能?上学的时候早上时间那么紧,哪有时间读?"

"就十分钟啊,还抽不出来吗?"

"可是我真的没时间啊。"我的手指轻点键盘,好不容易抓住妈妈不在的时光,我才能这样安心地与文字做伴。

"你能不能不要找借口了?"下一秒我就看到了这

样的消息，一抹原本欢喜的笑在嘴角凝固了，我犹豫了一下，想把对话框关掉，你的话却源源不断地发了过来。

"你就不能努力一点儿吗？"

"我希望你好，好不是说你好好地坐在那里。"

"……"

"我说过了我真的没时间，不满意你别管我，你以为你是谁啊？"早就学会忍耐的我在一瞬间负气发了那样的话给你，然后在看到你发给我那句"不管就不管"后灰暗了的头像，突然觉得没有了力气。

苏暮晨，我承认我不敢想失去你的场景，即使我们之间有那么多不同。你希望我好，我也知道，可是我们家的战争和这个夏末的风一样仍旧狂烈，每天清晨都是永无止境的争吵，然后在快要迟到的时候我飞奔出家门，望着远处的好看的玫瑰色朝霞开始新的一天，我是真的没有时间。

这些难过，我从不会轻易告诉别人，但我就是矛盾纠结的结合体，不想说，又会埋怨你不理解。

我打开音响，把浅绿色的窗帘拉开，让阳光铺满了桌面，努力调整好自己的心情，把这件事抛开。

四

之后的日子依旧像往日那样安静平淡。每天清晨仍旧有温热的早饭摆在天蓝色的桌面上,你还是会跟我随意说着好笑的事情,我安静地听,有的顺手记下来,当做素材。

我们谁都没再提那天的争吵。有时候你看着一意孤行的我会露出一种我琢磨不透的表情,我猜想,里面包含着失望、疼爱,还有不甘?

可是苏暮晨,那都不重要了,有些疑惑在时隔多日后即使没有谜底也会烟消云散。我们从开始就不是一个世界的人,你成熟,有心心念念的成绩,我有心心念念的文字和对远方的向往。所以我们会越走越远,直到分道扬镳。

我们分开是在又一次月考成绩下来以后。那次我进步了一点,虽然不多,但我已经满足了,而你却第一次冰冷着一张脸说要和我分开。说得突兀又像是冥冥之中早已注定了的。

那天是夏末的最后一天,我望着你愣了半晌,直到你露出了心疼的表情,才轻轻地点点头。你叹了口气,跟我说:"如果你愿意努力一点儿,我们还是可以像从前那样。"

你说这句话的时候眼睛里有亮亮的星光。苏暮晨,我就把它当作你送给我的最后的礼物吧。因为我拒绝了你。

不合适的人互相牵绊只会受伤。好的喜欢就像一双合适的鞋子,即使模样普通,也会在时间里让你明白它有多舒适,而我们的喜欢,只徒有其表,时间久了鞋子会磨破脚趾，自己也会变形，再看不出靓丽。

你看不到我也在努力，就像你不经意间面露笃定之色老气横秋地说过："现在写这些真的有意思吗？又不能发表。还不如把精力全部放在学习上。"

那么还不如现在告别，彼此祝福，一起做真正的自己。只是苏暮晨，现在我特别想让你知道，我的文字终于发表了，谁说梦想遥不可及？但我还是有一点儿难过，现在没有了你分享我的欢喜。

花季里，两个人的欢喜有时会东张西望，然后就找到了别的依靠。分开也是必然的结果吧。苏暮晨，原谅这个夏天里，我们的欢喜只会东张西望。

我在人间，有冷也有暖

小太爷

沙姨是我妈的朋友，家里有车，包出去跑长途的，这几年又开了旅游山庄，日子过得挺好。我妈跟她常往来，我以前上学忙，直到今年，才是头一次见她。

我们这边有一条路，叫十八弯。我自己没去过，但听说是很危险的路。冬天，尤其还是下场雪就封路的东北，司机们都会选择不走这条路。

偏偏这条路两旁分布着很多的人家，这些人家的孩子有的在市里上学，如果这条路上没有车，他们就只能走着去，路途十分遥远。

沙姨那时候是跑这趟线的，知道这个情况之后，决定冬天也走这条路。早上接孩子们去上学，晚上再送回来。

在很多个冬天里，沙姨家的这趟车都是唯一一趟来往于十八弯和市里的车。

坐车的小孩儿大多是留守儿童，家里没有什么钱。沙姨就常常不收他们的车费，只是叮嘱他们好好学习。小孩儿们跟着爷爷奶奶一起生活，老人有的时候种点葱啊蒜啊，就会让孩子带着，上车的时候给沙姨拿去。葱蒜又值几个钱呢，但这是心意啊！

我家这边是七八线的城市，七八线城市的下属县，经济情况时至今日也是窘迫的。有的孩子考上了大学却拿不出学费，家长硬着头皮找到了沙姨。

"那你说，他这一进门就跪下了，我也不能不管呀。"

沙姨在当地也有一定名气，然而这名气却不是因为她有什么特别美丽的容貌或者是有出众的歌艺之类的，是因为她的善良。过年过节的时候她会给家里日子艰难的人送去米油，也常常出手帮助家长无力支撑孩子完成教育的家庭。

至于我妈是怎么认识她的，也是因为这个事儿。当时被沙姨帮扶过的家庭联名写了一封感谢信，送到了报社，正好就是我妈去采访的。

"要搁现在的话儿讲，给她跪下的那家多少也有点道德绑架的意思吧？"我妈总结道，"你沙姨不帮他们也是可以的，但是她还是选择了伸出手。外面世界多大啊，哪里是咱们这种小地方能比得上的呢？这些孩子你沙姨要是不帮，可能就一辈子窝在山里了。"

是啊，外面的世界多大啊。

这几年陆陆续续出了不少类似于那种被捐助的人不知心怀感激，反而做出一些让人心寒的事情的报道，我看到的时候也觉得心里难过得很，有那么一阵子对捐钱这种事情也有些抗拒。但渐渐地我觉得，任何事物都有它的两面，人也一样啊！

有人见死不救，有人毁家纾难；有人高高挂起，有人以天下为己任。

就像"微笑的猫"说，这个世界上，有些人多冷漠，有些人就多温暖。

沙姨就像我心里的一盏灯，因为认识她，我知道了这个世界上还有这样善良的人在默默无闻地做着这样动人的事情，而被她帮助的人也对她怀着那样大的敬意和感激。

她真实普通，又那样可敬可爱。

为自己的心愿买单

愈 之

男孩儿大概只有十岁,穿着校服,系着红领巾,又黑又瘦,眼睛很大,放着光芒。他身边的男人皮肤黑黑的,也很瘦,大大的眼睛里满是倦意。

两人一起径直走向我所在的书架时,我往旁边的架子挪了挪。

男孩儿在选书,男人百般无聊地站在一边等待,没一会儿就打起哈欠来。男孩儿选好书以后,对男人说:"爸爸,我想要这本。"男人一下子来了精神,翻到封底一看,对儿子说:"你就在这里看吧,看完就不用买回家了,好不好?"男孩儿犹豫之际,男人接着说:"这本书要二十五块呢,你现在看完,我们就赚了二十五块钱——你这就开始看,我晚点儿过来接你。你才念小学就能赚二十多块钱,很了不起的。"不知道是哪句话起了作用,男孩儿同意了。

我目送着男人离开,回头一看,男孩儿已经盘腿坐在地上看起书来。

看着他认真翻书的模样,我忽然想起当年小小的自己。

我像男孩儿这么大的时候,公园对我已经失去了魔力;商场之于我就是等待妈妈试衣服和购物的地方。想不到去哪里,我就待在家里,但父母不愿意看着自家孩子整天窝在屋里,他们要带我出去玩。

可我没有特别喜欢去的地方,爸妈思来想去,决定带我去书店。

我喜欢看书,一看就能看很久,久到他们留下一个"我几点几分来接你回家"的承诺,便可以翩然离去。他们几乎每一次来接我时,都说我可以买一本书回去,然而更多的时候,我只看不买,因为那会儿家庭条件不好,外祖父又在住院,日子过得紧巴巴的。我知道他们更愿意看到我在书店里把书看完,而不是将它带回家。

后来,不知道从哪天开始,我不再需要父母接送,可以独自去书店了。那时候唯一的愿望就是家能距离书店近一点儿,好让我快一点儿抵达书店,多看几页书。与此同时,家庭条件也渐渐好转,爸妈有余钱给我买书了,可我依然习惯去书店,只看,不买。

在书店逗留的日子里,我一本接一本地看书,每看完一本就把标价记下来,一个学期下来,竟然看完了几百块钱的书。对于一个小学生来说,几百块简直是一个天文数字!

可是随着年龄的增长,可以去书店的时间越来越少,但想看的、想拥有的书却在增加。为了把它们带回家,我开始写稿子,给杂志投稿,把稿费存起来,对喜欢的书籍进行一番精挑细选,然后把它们一一买回来。再后来,无论是买单反学摄影也好,独自或者结伴去旅行也好,总是在此之前勤勤恳恳地写字赚钱,看着账户上的金额一点点地往上涨,再去实现自己的心愿。

朋友说我这样的生活很累,他不明白我为什么要这样做。我是父母唯一的孩子,他们很疼爱我,我的要求他们十有八九会满足,明明一下子可以得到的东西,为什么偏偏要大费周章?

我想,或许只是因为那是自己的心愿,不想别人去买单吧。

尽管在最初的时候,我真的很希望父母可以满足我购书的愿望,可是,当我在书店里"赚来"一本一本的图书时,那种快乐又分明比他们允许我买下它们要强得多——你瞧,我用自己的方式"买到了"想要的东西!

书店里还有想看但没开始看的书,地图上还有想去但没抵达的城市,购物车里放着想买但还没有下单的货物,桩桩件件挂在心头,带着它们努力奔跑,一点点实现堆积着的小心愿。我喜欢这样的自己——她用努力实现着梦想,哪怕在旁人看来,那些所谓的心愿微不足道,甚至可以被另外一些人轻易实现。

写给你，我最亲爱的青春

晛 沐

与你分开之前，我去过很多地方，却唯独没有见过自己最爱的海；我写过很多故事，却单单忘记去写自己的青春。

其实很早以前我就在犹豫，要不要把我和你的过往写下来。我并不是一个能把感情表达得很好的人，但这一次我还是想写，我想看到关于我和你的文字能够被发表在杂志里。

好友夏南年在空间里发动态："回忆之于你我是走过的千山万水，忘掉可惜，重来乏味。"而那时我盯着这句话捧着你很久之前写给我的信，在湖北立冬后的第一个寒潮里连眼泪似乎都被冻住了似的——想哭哭不出，想忘忘不掉。

2013年的夏天我在宁波，那时叛逆的我一意孤行在初三最重要的关头休学半年，家人和朋友都对我失望透顶。我躲到浙江的一个舅舅家里过着每天吃饭睡觉打游戏的生活，而你正忙于准备中考。

我和你都爱《中学生博览》，在贴吧混熟后互相加了QQ，还算聊得来。在家闲得无聊的我每天在空间里写各种忧伤的文字，你总是在学习之余认真地看我写的东西，告诉我一切都会好的。末了还不忘加上一句："我很喜欢你的文字。"

偶然一次点进你的空间，用你的名字缩写加上生日日期意外地破解了你的相册密码，里面是你的各式自拍。浅浅的齐刘海儿，漂亮的双眼，深深的酒窝，浑身带着一股文艺范儿。我看着你的照片对你说："这正是我喜欢的类型。"

那时我们都把这当作一句玩笑话，直到看过你写的一篇文章，大概弄懂了你是一个怎样的人。在隔着距离，隔着网络，甚至隔着文字这种虚无缥缈的东西的情况下，我心动了。

5月份刚过，宁波的空气炎热沉闷，我在家中随便穿了件粉红颜色的衬衫，然后在你的威逼利诱下发了张自拍给你——就这样，我也被你喜欢了好几年。

我说，"我们在一起吧。"你回，"好。"

你说我的刘海儿整齐刚好遮住眼角的那份桀骜倔强，你说我的鼻梁高挺刚好映衬眼底的那份浓厚哀伤，你说我简单舒适的样子也刚好是你喜欢的样子……

这些美好的词汇让那时的我甜蜜幸福。可是后来，却成了我心底最难以开口的伤疤，只要一提起，就撕心裂肺地疼。

一整个夏天我和你都在手机QQ上度过。该怎么形容我对你的喜欢呢，大约就是你喜欢什么样的人我就会去努力变成什么样的人。叛逆的我逐渐收敛自己桀骜不驯的性格，家人朋友惊讶于我的改变却发现我开始沉迷于手机网络，我带着自知的幸福陷入这场不确定的未来中。

那年七夕的风很好，阳光也很好，你对我说了很多很多让我一记就是很多年的话。你也许不知道，有很多很多个晚上都是这些话伴我入眠。

9月初我回到湖北重返学校复读初三，因为基础还可以，我学得得心应手，成绩一直位居前列。升入高中的你因为学习落后有了越来越多的烦恼，而家人反对我在初三期间使用手机，因为这，我一次又一次地和家人吵架闹翻，却从没对你提起过，只是很贴心地接受你一股脑儿的倾诉。

初三的那个冬天尤其寒冷，我被思念折磨得不成人形，很久以前就开始计划去找你，于是寒假时买好了去往广东的车票。

在准备出发那天我才告诉你，可是我没有料到你的反应会如此之大。你说你还没有做好准备见我，既担心我出危险又埋怨我擅做主张，从来不考虑你的感受。

总之那天我们爆发了有史以来第一次争吵，我数落你只顾倾诉自己的烦恼不知道我也需要时间来学习也不问我累不累，你说我永远都是一副什么都能把握住的样子不理解你不理解感情是平等的。

我的骄傲和自尊驱使我撕掉了车票，几天没再联系你，QQ不上，电话也不接。

寒假过了一半的时候已经快过年了，我上QQ时看到你发来的一大堆信息，你说我可以和你吵架但不要不理你；你说你这些天都好难过，你还说你喜欢在下雨的时候在窗户上写字，其实只是想写我的名字，不管是在家里还是公交车上。当接通你的电话听到你哽咽的声音时，我对你说："如果注定有一天要分离，我希望是你先转身，这是我唯一可以给你的东西。"

2013年的除夕夜，因为下雪路滑我狠狠地摔了一跤，所以只能在家里待着，错过了十二点最绚丽的烟花。你随即给我发来你拍的烟花视频，视频中的烟花绚烂却不及你灿烂的笑。

清明刚过，一个女生频繁向我示好，她有一双和你很像的眼睛，明亮又动人。

如果一个男孩儿深爱一个女孩儿的同时喜欢上了另外的一个女孩子，而且仅仅是因为距离原因要分手，我一定会狠狠骂那个男孩儿是"人渣"。

可是，当这个男孩儿是我自己的时候，我是不是该狠狠揍自己一顿，然后百般努力千般追逐万般乞求以换取你的原谅？

然而事实是我并没有多喜欢那个女孩儿。这个风波过去，你在电话里对我说："我不怕别人喜欢你，因为没有人会比我更喜欢你——可是我怕你喜欢别人，你可不可以不要让我难过，一直陪着我？"你不知道在电话的另一端不曾轻易落泪的我哭得多么难受，我难过的是我让你难过了。

中考我超常发挥，惊讶了所有以前对我失望的家人和朋友。我计划中考后就去找你，但当我趾高气扬地拿着成绩单对爸爸说我暑假想去广东的时候，他果断地拒绝了。

他说他偷看了你在我中考前写给我的信，知道我在网恋，对我的担心超过了对我取得好成绩的兴奋。我在家里大闹了一场，可是无论多么义无反顾的决心，终究逃脱不了现实的束缚。

你安慰我，会有机会的。我却怪到你突然给我写信上，以至于被我爸看到，不然我也不会不能去找你了。中考后的暑假我一直对你不冷不热，你已经察觉出来却不说破。

你还是对我很好，每天如常跟我说早安晚安，提醒我少玩游戏多看书。我在那之后总爱没事找碴儿和你吵上一架，你却总是对我道歉，不管我是对的还是错的。

那个暑假,"分手"这个词成了我们的口头禅,你说不管我走多远只要回头你都会站在原地,其实我知道就算我说分手你也不会走,可是年少的我总是爱用这个证明自己的存在感。

如果再回头一次,我一定会好好保护你。可是,你说过的,没有如果。

暑假结束前的一个晚上,我再次为了一点儿小事和家人大吵,叛逆如初。我早早地睡下,手机QQ不时传来消息提示音,我没理会。然后手机铃声响了几声,这其实是我们约定好的如果怕对方没看到QQ信息就打下电话提醒对方。连我自己都恨那时的自己,我拨通你的号码听到你欣喜的声音,这是我暑假来第一次主动打你电话。

"你知不知道你吵到我睡觉了?"

"对不起,我以为你不在……想对你说声晚安……"

"你吵到我还晚什么安?你就没想过我是不是真的需要你这几句晚安和嘘寒问暖?"

说完后,我挂了电话蒙头大睡。

第二天我似乎轻而易举地就忘了这事,QQ找你,几小时你都没有回。我终于第一次害怕我是不是真的就这么把你给赶走了。打你的电话,可是电话关机了。我不知道那一天是怎么度过的,我可以无数次想象我离开你的结果都是你回来找我,但我不能承受你就那么真的不再理我了。

十五六岁的年纪就是这样，莽撞又彷徨。我横冲直撞了一整个青春，终于感受到了疼痛的滋味。

你是在晚上回我电话的，那时的我就像抓住了救命的稻草，你告诉我你的手机坏了拿去手机店维修刚回来。其实不管你的手机坏没坏，你找我就好，你没走就好。

时间拉扯到了上一个冬天。那时的我慢慢磨尽身边每一个人的耐心，以至于后来我们再也回不到当初。每次吵架，你不再会放下自尊找我道歉，你会和我理论甚至翻出旧账，你开始变得像不珍惜你时的我，一点儿小事都和我吵到不拼个输赢绝不罢休。

那个冬天太过寒冷，我爸爸生了一场大病，那段日子你对我不冷不热，我甚至不能对你说出我承受的烦恼和压力。爸爸动手术的前一天，我和你还吵了一架。我知道我不去找你，你就不会再主动理我了。我在手术室门外，寒冷的空气和医院刺鼻的消毒液气味如锥子般推入我的心脏，窒息般难受。

我把你的QQ删了，电话拉黑，一个人躲在黑暗的角落里度过了最黑暗的几天。我希望你会像以前一样来找我，把我的QQ加回来，可是你没有。我怕了，主动去找你。你说你累了，我们不合适。我说，我说的都是气话。你说，如果再有下一次，你一定不会回头。

我们和好了，只是再也回不到当初。

那个冬天湖北下第一场大雪的时候，你对我说有个男孩儿在追你,他对你很好,比我成熟稳重,你好像有点儿喜欢他,但是你并没有答应他的追求。有一天他突然说不再追你了,你有种很伤心的感觉。

我问你,"你还喜欢我吗?"

"喜欢,只是很累。"

我在课堂上哭出了声音,不少同学投来或关切或异样的眼光。我决定继续和你交往下去,只要你和那个人没有交集。你犹豫了很久,那段犹豫的时间,抽尽了我所有的勇气。

我终于懂得了珍惜,懂得了忍受,可是我生日那天却没有等到你的祝福。晚上生日聚会一散,我就立刻打电话给你,凄冷的风穿过我的身体,隐隐作痛。

"你记得今天是我的生日吗?"

"啊?那祝你生日快乐。"

我记得上一个愚人节我跟你开玩笑第一次提出分手试探你的反应,你的哭泣让我手足无措。而这一个愚人节我提出分手,你没有大吵大闹,没有哭泣不止,也没有挽留。

如果,那时的你遇到现在的我,是不是结局就会不同?

分手后,我写了很多文字,写我们美好而痛苦的回忆,写我对你的想念,写我以后会遇到更好的女孩儿,写我还是没有放下你……

高一的暑假，我瞒着家人拿着这几年积攒的零用钱和稿费独自去了广东。

　　那天下着小雨，我穿着粉色衬衫戴着一顶白色运动帽漫步在你家附近。你不知道那一刻我激动的心情，你也不知道当我路过你身旁想叫你时，看见一个男生为你撑伞。

　　你没有认出我，我也没有了再打扰你的打算……我终于来到了你所在的城市，走过你走过的道路，只是突然记起，你再也不是我的什么人了。

　　回到湖北后我大病一场，发烧时仍然做着未来我们还在一起的梦，醒来后，我就再也再也不愿想起你。

　　高二的国庆假期我再次去了广东，还是你所在的城市，只是，已经和你无关。

　　我去看了我最爱的海，我和你之间的故事，全部埋藏在海浪的咆哮中……

小人物的善良

小人物的善良

谢小米

对待网络的善良

我家大姑大婶大姨们的朋友圈实在令人惊悚,充斥着以讹传讹的养生知识、虚构得令人惊悚的社会事件以及各种职场励志文、生活鸡汤文。我那五十岁的老妈,近来总给我发"如何提升自己的素养""如何做一个有气质的女子"之类的鸡汤文,我感觉深深地受到了来自亲妈的伤害。

老妈自从两年前学会用智能手机,微信用得是越来越娴熟,不怎么会打字的她,发起语音、照片和小视频来,驾轻就熟,手痒了只需在微信群吼一嗓子,一桌麻将就齐人了。老妈可谓非常支持本土文化,关注的公众号,十个号里面有七八个名称带着我们小城的名字，剩下三两个便是养生育儿、音乐之类的。

喜欢分享是人的天性，愚笨的善良也是人的天性。老妈与她的一群老姐妹常在微信互相分享各类实际是营销软文的东西。她不懂辨别良莠不齐的网络信息，不愿相信有无聊的甚至恶意地编造假消息的人。对于营销软文，她说："我看新闻、看美图就好，人家做出好的东西给你看，这是善事啊。广告？看一下广告又有什么哦？"

这样的小善良，被哥哥称作是"愚蠢的善良"。担心她老人家被误导，跟着散播不实新闻，相信什么食物相克、什么致癌、什么治癌之类的。我和哥哥再三申明："老妈，朋友圈转发的东西不可尽信，看过就算了，别乐呵呵傻乎乎地跟着转发啊。"如此，老妈的朋友圈还算是清净的。

对待流浪者的尊重

近年来，街上出现了很多团伙乞讨的骗子。尽管老妈知道，有些乞讨者是骗子，还是心怀善意。她说："不管是真是假，人走到这一步，总是有什么难处的。"我哥无奈地对我说，咱老妈这无知的善良真让人没有办法。老妈的这种善良，我还是小孩子的时候就见识过了。那时每次跟老妈上街，但凡遇见乞讨者，老妈总要停下来，掏出十块五块，轻轻放在他们面前。现在的孩子们可能不大清楚，90年代末，农村里的十块钱用途还是不小的，等于我两双白布鞋加两双蕾丝边的公主袜。家里不算贫穷，可也绝对说不上很宽裕，但我清楚记得，老妈对于乞讨者的善意，从没有迟疑过。但付出善心后，她会想方设法从别的地方节省。呵呵，当然不是我的白布鞋、公主袜了，具体的例子比如我哥的新书包、新文具盒，本来可以买小镇上最好的，后来只买了中等的。呵呵，我的傻哥哥到现在也不知情呢。

那时候，有一个女疯子常在村里的小路上徘徊，衣着破烂、脏臭，黑油油的头发卷成一撮儿一撮儿的。村里人说她是隔壁镇的，精神不正常，让家里赶出来了，可怜啊。嘴上这么说着同情的话，却没有几个人真正去帮助她。

你猜对了，又是我老妈出场的时候了。

老妈不仅拿旧衣服给她，有时还把她请到家里来吃饭。虽是不嫌弃，但老妈也担心女疯子突然发起疯来伤到我和我哥，因为懂得不多，还担心一起吃饭会传染疯病。但她说不能让女疯子觉得自己遭人嫌弃，所以我们要陪坐着以示尊重。所以老妈总是让我们先吃饱，然后一家人坐在边上陪女疯子吃。老妈是既同情又害怕地与女疯子坐同一条长凳，这样疯病万一发作，老妈能第一时间抱住她，以防伤到孩子。

即使是这样害怕啊,她还是忍不住施予善心。现在想想,这确实是一件危险的事,想帮助女疯子还有别的办法,我那读书不多的老妈,只知道用最直接的方式。换作现在,我和我哥必然不会同意的。

对待秩序的坚守

在我们小时候,老师就教我们要做一个守文明、懂秩序的好孩子。乖巧又胆小的我始终记得,做人要文明守礼。后来在城市生活,公共场所有各种规则约束着我的言行举止,但真正起作用的,我想应该是日积月累培养起来的内在素养。

教我要做一个有素养的人的老妈,在农村生活了大半辈子,只在电视上见识过大都市生活。哥哥接老妈去北京小住,大商场、电影院、红绿灯、地铁、要门票的风景区等等,都让她感觉新鲜又不安,总担心自己不懂规矩,丢了哥哥的脸面。

人上了年纪接受新事物是不大容易的,但老妈却很快适应了大城市的生活。在超市,她操着半生不熟的普通话和营业员比手画脚,也顺利买到想要的东西;看电影,学会把手机调静音,不大声说话;看不懂地铁线路图,却记住了几个常去的地方该如何换乘。可是,老妈渐渐有了些别的疑惑。行人闯红灯让她疑惑;挤地铁快且乱让她疑惑；景区里面垃圾桶边上的垃圾让她疑惑；坐公交车插队、不让座让她疑惑……

我哥说，那些是不文明的行为，不要盲目跟着去做。

老妈说，不文明的事情，再多人一起做，她也不跟着做。

这是老妈心里最朴素的文明——无规矩，不成方圆。最后，对于挤地铁不够有序这一现象，我和我哥还有我的小伙伴们惭愧地低下了头。

我亲爱的26号阿姨

zzy阿狸

1

刚念高中的时候,县城里的一切对于从小镇来的我来说都是极其新鲜的。当我拿到饭卡时,喜悦之情溢于言表。因为在镇上念初中的时候没用过智能卡,用的全是饭票。

那天晚上我躺在床上,元气满满地对自己说:"多么美好的一个开始啊!"

没想到第二天就出糗了。

放学后我去饭堂打饭,当我把校卡往感应器方向靠时,感应器发出尖锐的嘀嘀声,那一瞬间我有点儿慌了,不断重复操作,折腾了一两分钟还是不行。长长的队伍开始出现此起彼伏的抱怨声,打饭的阿姨不耐烦地摘下口罩,用一口流利的方言对着我抱怨,我的脸一下子红到脖子根儿。幸亏一位学姐上前替我解围,不然,真不知道怎么收场。

救我于水深火热中的学姐还不忘教育我热水卡和饭卡不能同时靠近刷卡器。

后来在26号窗打菜的时候实践成功,我如释重负地朝着阿姨说了一声"谢谢"。当我转身准备离开的时候,阿姨一个大勺扣住了我的饭盒,笑嘻嘻地说:"小伙子,多吃点儿肉,长身体!"我还没来得及说囊中羞涩吃不起,阿姨又给了我一勺菜,随后摆摆手让我离开。

和L先生一块吃饭的时候,他不断地抱怨阿姨的抖勺技术,好好的一勺菜硬是把肉给抖没了。当他看到我饭盒里满满的青瓜炒肉片时,眼珠子都快掉出来了。知道真相后,L先生热泪盈眶地说:"这样的阿姨真不多了,得好好珍惜啊!"

于是下午放学后,我还没收拾好课桌,L先生已经拉着我飞奔去饭堂,迫不及待地想要去感受一下26号阿姨浓浓的爱。

然而他还是摆脱不了被抖勺的命运。

看着我饭盒里满满的肉片,他大喊一声不公平。话音刚落,饭堂主管气冲冲地朝这边走来,阿姨急忙摆手示意我快走,我朝她说了声"谢谢"后,拉着小伙伴撒腿就跑。待我走远后,我看见主管朝着她劈头盖脸地骂。

她低着头,一言不发,背影倔强而单薄。

后来才知道,她挨骂是因为主管巡查时发现她私自给学生加菜。

但是往后的每一次,她还是悄悄地给我加量不加价。

2

备战期末考试的一个晚上,我翘了晚自习,悄悄溜进了校门口的一家小吃店。没想到会在这里碰到她。她还是那么风风火火,肩上搭着一条汗巾,正在勤快地擦着桌子。

刚想和她打招呼,她口袋里的手机响了起来。她看着屏幕皱了一下眉头,随后匆匆跑进小巷里接电话。聊了没几句,一向好脾气的她竟然破口大骂,那声音钻进我的耳朵里十分刺耳。回来后,她像个没事人儿一样倚在门框上,我看到她炽热的眼睛有那么一瞬间熄灭了火焰。

那时候店里只有我一个人目睹了整个过程,但我却不敢上前询问她发生了什么,只能低着头安静地吃着云吞。

我和她萍水相逢,我们连对方的名字都不曾知道,她有着不为人知的烦恼,我也有着永远记不住的公式和毫无起色的成绩,此刻离得再近,我们也没办法为对方的生活分担些什么。

头上摇摇晃晃的白炽灯光,她略显疲惫的脸越发显得苍白。我心里忽然有点儿难受,匆匆吃完后买单。老板娘呵斥她还不赶紧去收拾桌子,下一秒,她像满血复活一样,转过头笑着对我说:"要是好吃,下次记得再来啊!"

我看到她的笑里带着泪光,像萤火虫尾巴上微弱的光芒在黑夜里闪烁。

很久以后我才知道,原来平凡的她有着一份疲惫的爱情。

3

学校附近有很多出租屋,高三那年L先生和他的妈妈在那附近租了间房子,我偶尔会去找他玩。有一次我路过一处出租屋,发现门前站满了人,刚想走开时,听见阿姨熟悉的声音,心里觉得不妙。赶紧上前,看见阿姨被一个中年男人推倒,跌坐在地上。我丢下书包上去用力地抡了他一拳,气得浑身发抖的我朝他吼道:"打女人?你还算男人吗!"头发邋遢的中年男子刚想动手揍我,但眼看着围观的人越来越多,意识到对自己不利,便一把夺过阿姨手上厚厚的信封,朝地上狠狠地吐了口痰后就走了。

阿姨慌慌张张地起身把门口的人劝开,领着我进了门,然后像用尽了全身的力气那样把沉重的木门关上。

当简陋的客厅内最后一丝光线也被挡在门外的时候，我看到她的身体一下子软了，慢慢地沿着木门瘫坐在地上，眼泪像断了线的珠子一样，啪嗒啪嗒地砸了下来。

被饭堂主管指着鼻子骂的时候她没哭，在小吃店被老板娘骂手脚不利索的时候她没哭，一个人活得像一支队伍的时候她没哭，但在这一刻，我看到她的泪水如注。她哭得声嘶力竭，似乎快要把这辈子所有的眼泪都流干了。

我欲言又止，她摆摆手艰难地说："我没事！"

我慢慢蹲了下来，犹豫着伸出手替她擦泪，支支吾吾地说："阿姨你别哭了。"

她一边哭一边颤颤巍巍地抓着我的手说："阿姨很幸福。"

那是我这辈子听过的最心酸的一句话。

4

那个男人是她的丈夫，嗜赌成性。她申请离婚，带着孩子躲着他。原以为能安稳度日，他却四处打听她的住址，大吵大闹说要一笔钱才肯离婚。那天他夺走的信封，里面是她大半年的工资。

她说起这些时，脸上看不出任何表情。我没有多问，转移话题聊起了其他。因为那是她的伤口，即使鲜血淋漓，但比起同情，我想她更需要的是独自一人舔舐伤口，熬过这漫长的黑夜。

从那以后，我们的关系变得亲近起来。每个周六她都会喊我去吃饭，过意不去的我便辅导她的小孩儿做作业。她的小孩儿上二年级，烦人的计算题总是让他头疼不已。她在一旁一边刷碗，一边咯咯地笑着说："哥哥成绩好，你得多向他学习啊！"

其实我没告诉她，那段时间我的成绩糟糕得很，每天凌晨五点，我在宿舍楼下一边借着昏黄的灯光背单词，一边搓手取暖。但命运总爱开玩笑，我越是着急，越是考不好，心里有一万个放弃的念头，却找不到一个坚持的理由。临近期末考的那天清晨，我赌气似的把书扔在地上，眼泪啪啦啪啦地掉了下来。

我隐隐约约看到有人向我跑来，近了才发现是阿姨。我慌慌张张地用手背擦了一下眼泪，欲言又止地望着她，想要解释些什么，却如鲠在喉。

穿着极不合身的工作服的她，一言不发地把两个热气腾腾的馒头塞给我。然后弯下身捡起那本单词书，用衣袖小心翼翼地擦干净后递给我说："小郑，阿姨相信你会有很棒的未来，别放弃自己啊！"

我的眼泪又忍不住掉了下来。那是我第一次感受到来自别人的善意，以至于后来每当我回想起那个路灯下的清晨，心里总会温柔得像一片海。

5

高考结束后,我爸开车来接我回家。时间太仓促,我都来不及和她好好说上一会儿话。小男孩儿仰起头问我:"哥哥,这个暑假过后你还会回来吗?"阿姨笑着敲了一下他的头说:"难不成你想哥哥回来复读啊?"我听着心里有点儿难受。

我怕再也没有机会与她见面了。

我想去看看这个世界,走长长的路,尝美味的食物。而这些都将与这里没有任何关系。

当车开到拐弯处时我忍不住回头,看到阿姨站在原地,朝我不停地挥手。她灿烂的笑容,宛如三年前在饭堂时我第一次看见她的模样。

她用一个大勺扣住了我的饭盒,笑嘻嘻地说:"小伙子,多吃点儿肉,长身体!"

6

上大学后,我认识了形形色色的人,走过越来越长的路,尝过越来越美味的食物。路太远,背囊太小,于是从前的记忆渐渐被遗忘。

前些日子听到旧时同学说由于种种原因,校门口那家经营了十多年的快餐店快要倒闭了。大家议论纷纷，我想到的却是快餐店旁边那家不起眼的云吞店，记忆汹涌而至，那些在小吃店里度过的旧时光也一一被记起。那里有好吃的云吞，有地道的牛杂，还有我的26号阿姨。

时过境迁，不知道她是否还在那家云吞店打工，她的儿子的成绩好不好，现在过得怎么样……但若能再见上一面，我想和她说一声"谢谢"。

三年孤独的求学时光里，我最感激的不是她给了我足量的饭菜，不是那两个热气腾腾的馒头，不是每周六下午味浓鲜美的老火靓汤，而是她教会了我在孤寂漆黑的日子里要坚持，要热爱生活。

毕业那天我问她三年来为什么特意给我加菜，她怔了怔，云淡风轻地说："很简单啊，因为我在饭堂工作了好几年，你是第一个跟我说'谢谢'的学生。"

一句简单的"谢谢"能带来那么多的故事，我想这就是生活的可爱之处吧。

我会记得许多许多个夏日的午后，她把破旧的旧式单车蹬得飞快，落在校道的树叶哗啦啦地作响，汗水湿透了她泛白的衣服，她留给这个世界的背影总是倔强而单薄，但她用着最奋不顾身的姿态，奔向她想要的未来。

阿姨，好久不见！不知道你还记不记得我？我还是那个不善于表达情感的孩子，现在我有了新的生活，新的朋友圈，新的运气，我很幸福。那么你呢？

我多希望能听到你再说一句："阿姨很幸福。"

阿公阿嬷

无恙

潮汕人管爷爷叫阿公,管奶奶叫阿嬷。

七年前,阿嬷病逝,那时我还是个小学生,时间相距甚远,却总感觉仿佛只是昨日的事。

阿嬷葬得匆忙,父亲母亲哥哥弟弟都回去了,家里只留我跟二姐小妹三人。从小我们便没有跟阿公阿嬷生活在一处,二叔在父亲、三叔之后成家,然后便跟阿公阿嬷住一起。

相比于二叔的孩子——我的堂兄堂弟堂妹来讲,我们跟阿公阿嬷并不如他们之间来得亲昵,自然儿时也就不像他们那样,敢于为零食或其他一些小孩儿所钟爱的物件开口同阿公阿嬷索要零钱。

阿嬷一生都在劳碌,为她的大家庭。早起煮饭、上山砍柴、烧水、弄猪菜喂猪等都是日常劳作内容。早些时候阿嬷还种稻谷，之后收割，脱粒后在楼顶上晾晒。我们来了兴致便去上头玩儿，蹲在一旁看阿嬷用耥板来回推动稻谷，有时会被阿嬷叫去帮忙。当然耥板是我们所掌控不了的用具，我们唯一能起的作用，就是脱了鞋光着脚丫子在稻谷粒中推着谷粒来回走动，直至到处都有我们小脚丫拖动留下的直条为止。保持着这样的形态让它们晾晒上一段时间，阿嬷便会用耥板让它们回归均匀分布的状态，数不清的时光就在我们的叫嚷、欢笑声中度过。

　　潮汕人逢年过节都要做红桃粿、酵果桃，外皮用糯米粉混合河粉后加水和成团，期间还要发酵，费时较长。在阿嬷和面团的过程中，我们都在一旁瞧着，时不时伸进去摸上一把，常常伴随着阿嬷的一声轻斥。

　　既是轻斥，威慑力自然大打折扣。赶在阿嬷开包前，小手总在她不经意之时顺带了一小部分上来，之后掩饰着逃离"作案现场"，像是约好了一般先后聚集在门外，把手中的小圆团揉得欢快，而最后没能得手的将会获得阿嬷所赏的一顿臭骂。阿嬷对我们一干人等知根知底，鲜少的时候，阿嬷会主动在和成的面团中捏出小部分供我们摧残。

　　阿嬷喂猪的时候我们偶尔会在两米开外的斜坡上围观，仔细观察着几只猪争先恐后的吃相，兴致勃勃地热议，不时响起异口同声的尖叫，而集体的爆笑声则如魔音灌耳。阿嬷对于我们以上的种种作为向来置若罔闻，只是专注地进行着她的日常劳作。

每个孩子的童年都不可避免有那样一段问题多多的岁月，处于这个岁月的我，看着阿嬷做事时总在旁边发问。阿嬷有时候会答上几句，大多数时候便是闭口不言，我也总在抛出许多无果的问题后讪讪离场，另寻他乐。

相比于阿嬷，阿公对于我所提出的问题总是有问必应，假若面对的问题是他所无法给出答案的，就能听到他专属的呵笑声。

阿公是典型的潮汕男人，大男子主义色彩在他身上甚是浓郁。这大概也是我从记事起便不曾见过阿公动手帮忙做家务的缘由。

印象里最为深刻的就是阿公坐在二楼茶几旁的木制沙发上泡功夫茶的情景，间或村里与阿公交好的老人会来做客，在众多孩童吵闹的环境中与阿公攀谈。

阿公的工作都是以出差的形式进行。当他身着整洁的西装，提着专属的行李包，戴上他崭新的帽子，再配上一把黑色的伞，我们便清楚他即将出行。而他归来的时间总是不确定的。

我们总会望着通往远方的那个路口，期盼着阿公归来，然后打开他的行李包，拿出一些零嘴儿供我们解馋。

后来我们家搬迁往别处，阿公来邻近的地方工作偶尔会上我们家里停歇，时间在一会儿、一天或者几天之中变动。也是那时候我才清楚阿公是风水先生。在潮汕地区坟地风水极为人们所重视，故而阿公所从事的工作也是为人们所尊敬的。

在我看来，阿公阿嬷之间感情并不如寻常夫妻那般和睦，甚至印象里没出现过他们俩一起坐下来相谈甚欢的画面。许是因各自身份的差异吧，阿嬷专心于家庭琐事当中，而阿公则秉承着他的大男子主义思想，似乎除却这个家庭以外，彼此间再无法找到共同的话题。

阿嬷腊月二十七离世，享年六十九岁。阿嬷逝去，经历沧桑岁月的阿公成了叔叔眼中的负担，叔叔脸不红心不跳指着阿公当年出资所建的三层楼说是他自己挣钱建的，之前阿爸一直住在他家，现在也应当排到几位兄弟照顾了。其他兄弟几人听闻，吵得不可开交。

阿公终于还是收拾行李前往我们旧时在村里居住的小屋安身，再没有那样宽敞的茶几沙发供他泡功夫茶来消磨时光。他们为阿公置办了新的茶具，附带着简便的铁式茶案。

许是感受到苍老只身的孤寂，往后阿公常来我们家小住。一段又一段时光的相处让我们逐渐了解阿公的生活习惯，小心翼翼地照顾着他的起居，在他安静落座时努力寻找话题与他闲谈。

2013年，阿公患病，再无法独立生活。兄弟几人商议后，每户轮流派人照料，一户一个月。

阿公嗜睡，此后大多数时间在睡梦中度过，清醒着的时候也是足不出户，一切生活需求都在小屋内解决。

2015年的父亲节与端午节相邻。我和姐姐给阿爸买了衣裳，给阿公买了他爱吃的葡萄，父亲节那日回老家探望许久不见的阿公跟阿爸。老人家见到俩孙女后慈爱地呵笑，一如当初他回应我问题时的模样。

节后没几日，阿兄给我发消息——

"爷爷走了。"

没有任何铺垫，我当然知道这样的事情直接告知足矣。但一时间各种情绪侵袭，难以消化似乎也是理所应当的。茫然着打电话询问阿爸。事实上阿兄没有理由欺瞒我，只是我心里尚存一丝希望。

打电话想说与二姐知道，她用心情沉重时惯有的深沉语气回应我，说在此之前她便已经知道了这消息。我久久不能言语，启口也不清楚应当说些什么，干张着嘴片刻后，"哦"了一声，挂断电话。

听阿妈他们说，阿公辞世时面容安详，辞世前一天洗净身子后还一反常态要求家人扶他坐于那塑料制的靠背椅上，跷着腿坐了挺长时间。

如今夜晚抬眼望天，不经意间寻觅着阿公阿嬷所属的星星。是了，他们在不为人知的高处，守望着儿孙勇敢踏步前行。

个性boy贾总

小太爷

我、贾亮和男神小方,在高中阶段曾讨论过成立工作室的事儿,主要做游戏软件。商量前我是作为一个文案方向的合伙人被招进去的,结果上大学时我们三个人阴差阳错地都读了技术类的专业……世事弄人啊。

高中的时候,我比较闲,可贾亮是动不动就学到半夜两三点的老学霸,所以也不太唠这种没谱的规划。

直到上了大学,我们之间忽然多了许多奇怪的讨论。

比如前一阵子学线性代数,贾亮忽然说:"我想到了一个办法来筛选十八岁以下的未成年人。"

"啥?"

"进游戏之前,先给他们出一套卷子,按照年龄段文理科什么的细分。咱们现在主要工作就是——攒题。"

我是真心疼我家的游戏啊。

这还能卖出去吗?

我真心觉得我们这个制作组走的是一条不归路。

"咱们这个游戏就叫'Math War',大气吧?主要就是一款剧情类游戏。"

剧情?柯西希尔伯特拉格朗日啥的打架是吗?

我想了想:"贾总,在咱们的分类里,可以写上'教育'。"

"直接引进学校推广那才叫爽。咱们的画面就走个性风格,简单、大方,咱们就不需要美工了。"贾总很有节奏地颤抖起来。

我想了想,选择撤资。

贾亮应该是一个人民艺术家,他最近在学色彩,某日向我展示了他的新作——他自己。

"我这幅画值一千万。"

我小心翼翼地打开淘宝,搜索了一下,只有活体喷火龙幼崽能与之一战。

贾亮想了想,给我发了一张他的手:"我这是隐形龙幼崽,价值两个亿。"

我对画的辨识能力不是很强,贾亮把他的作品做成了表情包之后,我就经常发出"这是新作吗"的疑问。

"当然不是,物以稀为贵。我这幅画是要留着升值的。"

希望贾总以后可以用卖画的钱,来填我们公司做游戏软件的亏空。

有一天晚上班长忽然在班级群里说想看我写的东西,我在邮箱里翻啊翻啊,翻到了刚哥,翻到了金诺,翻到了我班的那群人。我发现贾亮是万年配角,无论写谁,他都能横插一杠子,实力抢镜。鉴于这个情况,我决定给他单独写一个!写着写着却发现大学的他比高中的他实在可爱多了。

人这一辈子,会碰见很多人。我最近发现有这么一类奇怪的人,你刚接触的时候觉得这人要多讨厌有多讨厌,但时间长了就觉得,啊,这个人也是不错的。

就比如说贾亮吧,表面看着不靠谱,却也有自己温暖的一面。

这世界上没有轻而易举就能办成的事情,也没有一天两天就能看得通透的人。所谓朋友呀,就是互相之间包容了缺点又看得到优点的一群人。我俩对骂过,也并肩战斗抄过作业,作为鬼畜区的两个大神,没事儿分享存货也是友好的表达——我俩都在异乡,在一起聊天的时候,却好像又回到了高中课堂,我转过去或者他转过来,窗外有风,有树叶沙沙地响,有老师的说话声,有水果的香气。

有好朋友在身边的四面八方,都不是陌生的远方。

我家老张的十个日常

方 淮

一

老张喜欢音乐，每天在家都要吼上几嗓子，张大音乐家的歌声总是让人陶醉不已。

我有时听得不忍，说："妈，你别唱了。"歌唱家会一副讪讪的样子，说："你唱得好听你来唱一下。"我一个白眼翻出天际："不了吧，扰民！大中午的。"

确实，老张唱歌很难听，调子跑得十万八千里，身上没有一点儿音乐细胞，还老唱一些非主流歌曲。

二

老张内心是个小少女，喜欢各种毛茸茸的小玩偶，我小时候玩的毛绒玩具,她从箱子里倒腾出来,整整齐齐摆了一地,还拿着手机在那儿拍个没完。

"嘿,你看你看。"她举着手机拉着我。我继续翻白眼:"我不看,你都多大了还玩这些。"老张叉起腰,一脸不服气:"我老了以后要开幼儿园,这些都可以拿出来给小孩玩儿的。"

我内心不屑,什么呀,那时候小孩子早就不爱玩这些了。还有你开什么幼儿园,你老了以后我当然接你跟我住一块儿啊。

三

我弄来只猫,正式晋升为铲屎官。老张饶有兴趣地看着小奶猫团成一团,说:"它咋这么小啊?"我每天和她在一起都是疯狂翻白眼:"废话,这才满月多久啊。"然后老张就开始抱着猫对猫说话,各种亲昵。

后来半个月,我就和猫每天黏在一起。有一天我临出门穿好鞋对着趴在沙发上的猫说了句:"猫猫再见。"

老张很不是滋味:"都不跟妈说再见跟猫说再见,对猫比对我还亲。"

我急匆匆带上门走了,心里想,什么呀,咱俩都多熟了还再什么见呐。

四

老张是个多愁善感的女子,在每一个季节每一天每一秒都容易感性。

她有次爬山带回来一朵野花,放在矿泉水里头养着,她脸上带着比蒙娜丽莎还神秘的微笑对我说:"你看花开得多美。"

我看了一眼,一脸嫌弃:"不就朵花儿吗,看你稀罕的。"老张瞟了我一眼,说:"你不懂得欣赏美。"我硬龇着牙笑了一下:"是是是,我不懂。"老张不理我了,又开始拿着手机照相。

咳咳,其实吧,还挺好看的。

五

老张很宠我,我是一感冒就发烧的体质。有次我大半夜烧起来,老张起来给我量温度,吃药。我热得睡不着,她给我弄了冰袋,我迷迷糊糊地哼哼,老张一直拉着我的手,我还是很热,但是确实很心安。

老张很勤快,尤其在给我做东西这件事上,每天都在给我研究做饭的新花样,忍着我挑剔的话。我说想吃什么,无论多远老张都会给我买。

我知道，我被她惯坏了，我不是个懂事孝顺的乖女儿。

六

初中的时候，我和老张很能吵架，基本三天一小吵五天一大吵。我在青春期倔得要死，每天就抱着手机玩个没完，我成绩也下滑了不少。老张很着急，我也很着急，却不知道该怎么办，只能借着每天的生气发泄。

或许是想起以前的时候，现在老张逢人就说我用功，脸上满满都是骄傲的神色。我在一边撇撇嘴，心里想，我现在不用功你老了谁养你啊。

七

《小团圆》播出的时候，我和老张窝在沙发上追剧。

里面有个情节很有意思，剧里的小姑娘和妈妈闹别扭故意装网瘾少女气妈妈。

老张瞥了我一眼，说："你以前是不是就故意气我的？"我假装没听到，心里想，咦……你居然知道啊。

八

我刚刚跟老张讲："妈，我跟你说件事。"

老张把书移开，问："啥？"我嘿嘿一笑："不告诉你。"老张白了我一眼："你快说。"

我继续傻笑，说："你猜啊。"老张很严肃地猜了一下："你该不是搞对象了吧？"我顿时从沙发上跳起来："嘿，你什么人啊，怎么可能。"

老张看了一眼趴在一边的猫："那你倒是快说啊。"我傲娇地一哼："没事。"

她不理我了，我内心抓狂，没想到她比我还傲娇，她再问我一句我就告诉她了啊。

九

对啊，我的老张唱歌跑调，幼稚得可以又很作，可那又怎么样，那是我的老张啊。

我被她的爱包裹着不知天高地厚什么脾气都敢发，我曾经把她气得摔碗我也听过她悄悄哭，我不善表达即使后悔了也从没给她道过歉，一直都是她主动跟我说话我才放下面子跟她和好。一天里她手里的东西从教鞭换成铲勺，从意气风发的人民教师变成一个费尽心思的家庭主妇。她本来可以做一个很酷的女人，却变成了一个心里只有油盐酱醋的中年妇女。

我知道，都是因为我。

她宠我爱我，给了我十五年任性骄纵的时光，就算是

"冷战"之后也给我做好吃的饭菜，即使从来没得到过我的夸奖。

老张真的不年轻了，我没给她梳过头没给她洗过脚，看不到刺眼的银丝感受不到她脚上的老茧，但我就是知道，她真的不年轻了。她最最最好的岁月都给我了，网上说，岁月是把杀猪刀，妈妈是个美人，时光你不要伤害她。

我笑笑，什么呀，杀猪刀是你啊，伤害她的人也是你啊。

你还有什么理由不努力，毕竟全世界能全心全意对你好的人，只有她一个啊。

她很健忘，她和我说过的话一起生活的小细节自己都忘记了。有什么关系，我都替她记着，等她老得什么都忘记的时候，我就伏在她身边，像她拉着我一样拉着她的手，一点儿一点儿讲给她听。

现在，请你等我长大，变得可以保护你，真正成为你的万丈光芒。

+

那么，老张，现在你猜到我要对你说的话了吧，我想说的是——

我爱你啊！

年又又，蓝格子笔下的炸鸡少女

洪夜宸

蓝格子大抵是我遇到的最神秘的女生。

她的第一篇稿子写的是厕所里一群男二货的小事儿，那是我第一次知道蓝格子。当她第一次写年又又和许然的故事时，我便在女主的身上找到了那么多自己的影子，或者说，十七岁的我们都与年又又这个形象有或多或少的相似度。因为留心，我发现，随后而至的几本期刊里都有她的文字，同年又又这个名字一样，质朴简单却一点儿也不随意。

我逐渐发现，她自己特别中意年又又和许然，好多篇文章写的都是他们的故事。年又又单纯天真，容易感动，有时候执拗得可爱。作为内心敏感的女汉子，她有一些神经质的小毛病但一点儿也不讨厌，甚至有时傻得叫人心疼。最大的特点是爱而不得，却尤为坚持。

作为作者，她显然是最喜爱年又又的人，可除了这个较为招人喜欢的性格，她对她几乎没有任何的偏爱。相貌普通，路人一枚。没有过人的本领，也不晓得如何变通。有眉眼干净的许然，却是求而不得；有爱她挺她的闺蜜，但是一笔带过；有如斯少年路离，只是惊鸿一瞥；有后来的盛一隽、林暮暮、夏西、林浩南等一同寻梦的朋友，却只是缓缓路过你的青春，而后又各自走开了。故事还在继续，也不知他们会不会被你遗忘。

是的，十七岁的我们能有什么伟大的追求，或是过人的智慧呢？不过是与同学嬉笑打闹，经历三个如约而至的夏天，就好像过完了一生。最远大的目标啊，大抵就是高考能去一个还不错的学校，和喜欢的人在一个共同喜欢的城市里。

那是还相信天长地久的年纪，仅仅是希望第一次认真喜欢的人能够一直在一起。

她笔下大多都是小人物，但仅仅是小人物，她也能写出他们的很多面，有光辉的一面，也有阴暗的一面，她会给他们留余地。我想这可能源自她本人的善良，因此，我也对她本人产生浓厚的兴趣。

庆幸自己生在网络发达的时代，我很快找到了她的微博、QQ、微信等。在她的朋友圈中，我了解到更多有关她的信息。比如她和我一样来自安徽，比如她正处在水深火热的高三，比如年又又取自"双"字，许然取自她的喜好，路离取自《离骚》……

我拼命刷她的朋友圈，像个小粉丝在《偶像来了》的节目现场，高举闪烁着"蓝格子"的荧光塑料牌。如果说有什么特别值得开心的，那大概就是，她能回过头看我一眼，冲我淡淡一笑。

我没有想到，这种兴奋感过后，留给我的竟是愧疚。我并不想去打扰她，欣喜之余，我甚至有些莫名的羞耻感。从不愿当狂热小粉丝的我，不想给她造成任何困扰。

后来想想，那时的自己也实在是天真的，毕竟只是一本给中学生读的杂志，成就再大其实也不过是温暖了一群孤单的同龄人。可我却像魔怔了似的，紧紧攥着写着她QQ号的小纸条不舍得撒手。

高二时，因为钟情于蓝格子的文字，我第一次体会到文字的魅力并开始书写自己的故事。一个个的，拙劣却无比认真，慢慢地，竟也收获了一些认可。围姐作为我的文字启蒙人，我最开始选择她的原因，一是因为当时她虽然是编辑部新来的年轻小编，性格文字却都是霸气非凡；二是因为蓝格子始终跟她。我起笔名洪夜宸时，想到的是用自己的姓，很巧的是，与蓝格子有那么一丁点儿对应的感觉，意识到这点，我也很是得意的。

那时候看《中学生博览》，我最大的期待，不是莫言韩寒，而是和"蓝格子"印在同一本杂志上。

我第一次意识到，文字可以温暖，甚至拯救人。

包括后来我学了编剧，去南艺上戏艺考，究其根本，其实都是因为她。我想这些她大概一点儿也不知道，因为我没告诉过任何人。现在，我选择毫无保留地将那些事情记录下来，希望让她看到，有个女孩儿曾经这样被她的文字深深温暖感动过，并且像她笔下的执拗的年又又一样，为了等待她下一期的故事而早早守在报亭前。

从小到大，我有过很多偶像，从《流星花园》里的言承旭到"国民老公"宋仲基，从话剧演员袁泉到收视女王赵丽颖，从霍建华到胡歌，从韩寒到钱钟书。

从来没有一个人，像她这样，会带给我这么大的影响。

在文章的首段我写与蓝格子的关系时，用了"遇到"一词，其实这是有些不妥的。《中学生博览》的作者我熟识的不多，最熟的要属夏南年，我俩在外考试时同床共枕过两次，我还误把她爸当成了监考老师；再次一点就是莫小扬，我俩曾多次书信来往，互相勉励；然后应当是小乖，我去考上戏时差点就与她见面，考试期间，她带来的鼓励和帮助让我很感激；最后是若宇寒，我从他那买过一些旧杂志，也曾夸他的声音舒服好听，只是不知他是否还记得。当然还有阿狸、惟念等，也都或多或少聊过天，反正啊，我与这些人的交集通通比与她要多。

只有蓝格子，因为太过珍惜，反而令我不敢轻易接触。

直到现在，当我去翻那些旧刊，看到《此去经年》《蘑菇蘑菇不开花》《你比童话更美好》……这些故事带着淡淡的熟悉感，一如往昔般让我觉得温暖。好的文字啊，是经得起时间沉淀的。

2015年《中学生博览》办七月合刊收集作者照片，听闻蓝格子也会露脸，我期待了良久。也曾幻想过她的样貌，按照她的描绘，应当是又又般爱穿牛仔裤的炸鸡少女，普通中带着那么点儿不平凡。

结果她刊登的照片……是一张巧妙的不露脸自拍。

少女与生俱来的清新气质，反倒更是给她本人笼罩了一层神秘的气息。

其实，透过年又又这个女孩儿，我好像已经熟识了蓝格子。

她该是每个人青春中最普通的路人丁，短发、略黑、慢热真诚、认真固执、笑容灿烂、知晓感恩，喜欢一个在她心里无比特别但其实很普通的少年。她被他身上萦绕的干净气息蛊惑，表白被拒，小心翼翼，又满眼热望。

在我爱少女漫画的高二，我也曾在数学课上画过我幻想中的蓝格子。当然我画技有限，实在不敢班门弄斧，况且更怕被班导老爷子发现，只是轻笑着折成纸飞机丢出窗外了。

　　反正啊，她是我心中的盛世极光，一方女子。

　　后来，围姐建了一个她旗下的作者群，蓝格子在群里力荐网剧《一起同过窗》。在她拿2017年的过稿率担保前，我便毫无置疑地去看了。她说喜欢女主钟白，我想是能猜到原因的。钟白与她有几分相似，大大咧咧，爱穿牛仔裤，女汉子的外表，棉花糖的心，喜欢一个普通的男生，倔强不肯妥协，坚持演着属于自己的独角戏。为他做许多事，得到的只是感激。

　　但坚持所爱，其实对每个人来说，都是无可厚非吧。

　　祝福她，坚持写文字的炸鸡少女。如果加一个期限，希望是一辈子。

我家"太后"就是这么任性

夏洛特烦恼

不知道为什么当妈的都会有这个"恶"趣味，对小孩子说TA不是自己亲生的，是从垃圾桶里捡来的。我的老妈也不例外，并且欺骗我长达七年之久，害得我整个童年一直郁郁寡欢，以为自己背负着一个巨大的身世之谜。

1

在我很小的时候，有一天我看到老妈在厨房煮一只肥肥的母鸡。那时我还一直认为我不是她亲生的，所以她料理那只鸡的背影在我看起来十分的阴森恐怖。

我怀着不安的心情走过去勇敢地问她："你会不会有一天也把我杀了吃肉？"

她显然愣了一下，然后坏笑着拉起我的手腕装模作样地掐了两下，一脸嫌弃地说："不行，你现在还太瘦，我要等着把你养得更肥一点的时候再吃掉。"我的眼泪几乎就在眼眶里打转，但还是坚强地忍住了，默默地转身一个人走回房间。

晚上那顿鸡我一直吃得很悲伤，为了不被养肥之后宰掉，刻意地控制自己的食量，老妈奇怪地问我怎么连最喜欢的鸡腿也不吃。从那天起，我每天都不敢吃太饱，一个人"艰苦"地生活着。

后来还是老爸发现了我的异样，终于追问出我一直吃那么少的原因，我才知道我被骗了。委屈了很多天的眼泪终于决堤，而在我哭得泪眼蒙眬的时候我隐约看到老妈笑得腰都直不起来。

这件事我始终耿耿于怀，直到现在，我在大学里经常因为身材瘦小而被嘲笑说我不是东北人，我知道，一定是那个时候吃得少而导致发育不良。

2

再后来我长大了一点儿，开始被逼着学习各种东西，其中就有小提琴。很可惜，那个时候的我还不明白学好数学的重要性，每天被老妈耍得团团转。明明约好只拉十遍曲子就可以休息，结果这十遍就像噩梦一样永远也拉不完了，为什么呢？因为——

我:"拉了几遍了?"

老妈:"三遍了。"

我:"还有几遍?"

老妈:"八遍。"

于是我又埋头苦拉,并且绝对不止一遍,然后继续问我那看起来就不怎么可靠的"计数器"老妈:"拉了几遍了?"

老妈:"才四遍,还有九遍呢,快拉!"

……

终于有一天我怒了,决定不用她再帮我数了,我要自己数!

就这样我踏上了学数学的不归路。不过,托老妈的福,我的小提琴基本功比身边的小朋友要扎实许多,但这也并不能弥补我心中被欺骗的伤痛,哼。

3

学数学是个痛苦的过程,那本来是个阳光明媚的下午,我兴奋地把老妈拉到便利店要糖吃。老妈豪爽地答应了,然后在我东跑西挑地把一大堆要吃的糖都放到柜台上结账的时候,突然得知了一个噩耗。老妈说:"想买多少都没问题,只要你自己能数出来。"

于是那成了我人生最灰暗的一天,因为老妈真的给只能数十以内的我只买了十块糖!没办法,自己不够强大,不能把所有的糖都从柜台上解救出来,于是挥泪告别了对我笑眯眯说再见的柜台阿姨。

不过我没有轻易放弃,我成了那里的常客,每次去店里阿姨都会笑着问我:"又来数糖呀?"老妈也算是说话算话,只要我数多少就一定会买多少。

直到我能轻松地数到一百的时候,糖也彻底吃腻了。虽然那天我没有真的要买一百块糖,但是记忆中老妈好像笑得很开心。

可能就是因为这个原因让我在数学方面开了窍,所以无论是小学、初中还是高中,我始终凭借着数学这一科的成绩拯救着其他科目。先是考上了市里的重点高中,高中时在文科班又用数学这一必杀技虐惨了很多小伙伴,不过那都是后来发生的事了。

4

时间就像奔腾的白马,一跃栅栏,只留下斜斜的影子在夕阳下渐行渐远。

我在老妈的"摧残"下也不知不觉地成长为一个花季少女,有了自己的小秘密、小心思——我早恋了。

那是一个比我还"文静"的男生,我也不知道到底是喜欢他哪里，反正就是喜欢了。两个人每天放学就一起手牵着手看星星看月亮，过着小清新的生活，直到有一天被我老妈发现了。

本来以为她会一哭二闹三撕票，然后逼我和那个男生分手，结果她并没有。在我正准备着和她拼个鱼死网破的时候，她却只是一脸八卦地跟我打听那个男生帅不帅，学习好不好之类的，末了轻描淡写地叮嘱我一句不要耽误学习。

可惜好景不长，因为另外一个女生从中作梗还有其他许多因素，那个男生要和我分手。我回家难过地哭了很长时间，不吃不喝。老妈问我什么我都不说，黄豆大的泪珠儿就那样一颗一颗地往下掉。老妈冲出家门就要去找那个男生，还好被我拦住了，于是我俩抱头痛哭。那是我第一次意识到，我痛苦，老妈比我更痛苦。世界上没有比我老妈更心疼我的人了。

5

终于，我也走到了自己人生重大的十字路口。整个高三一年我顶着熊猫眼，皮肤粗糙，目光暗淡，每天蓬头垢面地穿梭在教室和自习室之间，做着一张又一张的模考卷子。周围的小伙伴都大喜大悲，每天精神崩溃，更有甚者每次模拟成绩下来都哭天抢地。而我就像一个机器人一样，感情没有太大波动，每天埋头于自己的复习计划中。

这都要感谢从小到大老妈对我的"魔鬼教育",所以我从小就有着坚毅的性格。

小时候,如果我摔倒了,老妈不会像别的妈妈一样心疼地上前搀扶,而是用手指着我捧腹大笑。所以我也不像别人家的小孩子只会坐在地上号啕大哭,而是马上站起来拍拍裤子,像没事人一样继续大步向前走。

如果学习压力大了,我向老妈装可怜,老妈会用鄙视的眼光看着我,用嘲讽的声音对我说:"连学习你都学不好,你还能做什么?"

6

老妈有的时候太"心狠手辣"了,但是我的老妈却会在我又一次抄课文抄到快半夜的时候给班主任打电话,说以后保证背诵的知识我全会,所以不再写任何抄写类的作业。并且老妈经常在我第二天有考试的情况下带我去网吧打游戏来放松心情。不止如此,我第一次喝酒是被老妈灌的,我的第一本少女杂志是老妈给我买的。

这就是我的老妈,她没有满足我的所有要求,但是她教会我的所有东西,都将成为我人生中宝贵的财富。

直到今天我才意识到,那个在我的生命里一直任性的老妈——是我生命中最爱的女人,没有之一。

余生，请多多关照

姑娘，谈恋爱并不能改变你的现状

左 夏

前一阵子有一个久未联系的朋友突然在微信上跟我说："有时候会想，要不就找个男朋友吧，就算没有轰轰烈烈、刻骨铭心的爱情，好歹也可以有静水长流的依靠与温柔。"

我问她为什么突然想要谈恋爱。她说："我现在一个人待在宿舍，头痛，鼻塞，难以呼吸，浑身发热，吃不下饭。但没有人知道，也没有人放在心上。他们只在意我会不会把他们的团日活动搞砸，他们只在意我能不能顺利地完成工作。我是那么希望有人能在第一时间发现我生病了，能在我难受不能去吃饭的时候不用我拜托就知道要给我打包一点粥什么的……"

看完她的回复，我才恍然大悟，原来是因为这阵子感冒发烧无人照顾，想得到关怀却无人给予，她才萌发了想找个男朋友的想法。以她的视角来看,似乎谈了恋爱,自己现在所面临的一切问题就都迎刃而解了。

无独有偶,我的一个舍友也曾这么对我说过。被欺负的时候、受委屈的时候、生病的时候、被忽视的时候、一个人无所依靠的时候,她都在想,那个人到底什么时候才出现?她不想一直活得像个男人。

听来令人唏嘘不已。

但是,亲爱的,找到男朋友后一切就会改变吗?

不,不会。

恋爱也只是一种交际方式而已,它无法从根本上改变你的生活。物以类聚,人以群分,这条人际交往法则于恋爱中一样适用。你必须首先是一个独立的完整的人,才能遇到一个同样优秀的独立的他。若你自己是不完整的没有安全感的生活无法自理的,你能遇到的同样只是喜欢抱怨的需要女友安慰的犹豫不决的他。

醒醒吧,姑娘。这世上没有专属于你的superman,阳光暖男也只是电视剧用来吸粉的角色设定而已。更多的时候,我们依旧是一个人生活,一个人勇敢面对生活所赐予的所有挑战,即使有了男朋友也是这样。

亲爱的女孩儿,爱情不能为你解决任何问题。相反,谈恋爱是互相付出、彼此扶持的过程,而不是单向地索取。不要任性地要求对方为你做好所有的事情,像都教授一样你喊一喊就冻结时间飞到你身边,你要知道男朋友也只是个地球人,没有偶像剧里那样无所不能。即使你是需要被照顾的一方,也不要想着放肆去依赖,妄图霸占对方整个的心以寻得自己想要的关心与安全感。缺少独立和自由的爱情,对彼此都是一种束缚,只会压得人喘不过气。

无论遇到什么事情,都请你先想着,靠自己。做一个独立的优质女生,不要一委屈就想着为什么没人照顾自己。你该知道,这世上没有人有义务帮你解决所有的难题,也没有人一定要承受你所有的任性和坏情绪。你必须让自己强大起来,强大到一个人也足以面对暴风雨的洗礼,才能成熟冷静地迎接属于你的爱情。而不是出于寂寞,出于无助,奢望一段感情带给你翻天覆地的改变。要知道,你自己不努力,难题不会因为爱情的出现迎刃而解。

就如同我曾在杂志上看到过的一段话一样:"谈恋爱是一件需要学习的事。它首先需要一个人调动自己的资源和能量去展现自己,去增加自己的吸引力,让别人觉得你可爱,你值得被爱。其次它还需要你在吸引他人之后,懂得经营关系,让彼此的感情不断深化与更新,保持关系的可持续发展。"所以,爱情是属于勇敢者的冒险,也是强者的游戏。它不是你依赖别人的理由,也不是你推卸责任的借口,相反,一份成熟的爱情需要你付出更多的心力去维持,去经营,去呵护,才有可能长久。

最后,愿所有单身的姑娘都能成长为自己的superwoman,在最好的时刻遇到你的Mr. Right。爱情不急,先让自己神采飞扬,再去遇到那个美好如诗的他。

初恋这件大事

果 舒

1. 少年不知心事蓝

新学期伊始,代表着什么?是老师烦人的唠叨?还是堆成山的作业?Nonono,对我白宋来说,开学可是件开心的事啊,因为这代表着,我又能看见林以晖啦!

在我们学校,你可以不认识校长,不认识门卫大叔,但你绝不可能不认识林以晖,常年位居学霸榜的NO.1,个人奖项霸占公告榜的半壁江山,关键是人长得还不错。两个字形容他——"男神"!不过有一点不好,面瘫。像个老头子一样总冰着一张脸,活像别人欠了他一屁股债。人无完人嘛,有点儿缺点也是可以理解的。再说了,有我白宋这颗热烈的小太阳,还怕融化不了林以晖那座冰山不成？

　　本人白宋，萌妹子一枚。鉴定完毕！

　　我刚打下这行自我介绍，后面一本书飞过来正中红心。我摸摸后脑勺从键盘上抬起头来，转过头去眯着眼瞪着正悠悠吸着奶茶的郦阎阎。后者露出笑脸，说道："不好意思，第一次看见如此自恋的微博介绍，有点儿激动。"

　　我鼓着腮帮子默默地把自我介绍删除，有些气愤："来我家吃我的喝我的还这么对我，知不知道吃人嘴短啊，真没良心！"

　　"我这不是拿来报酬了嘛！喏，林以晖的书帖，我对你好吧？"郦阎阎得意地从包里掏出一本书。

　　我的眼神一下子亮了。听说林以晖自幼学习书法，我做梦都想得到他的字帖，没想到成真了。

　　"我从陆遇稀那里抢来的，擦擦你的口水，都快滴到林以晖的字上了。"郦阎阎看着我摇了摇头，"你这么喜欢林以晖他知道吗？"

　　我被问得一愣，不知道吧，我从来没讲过，林以晖又怎么会知道我的这些心事呢？

2. 纠结的情书

　　一放学，我就一路蹦跶到林以晖的班级，他们班的老师又拖堂了。重点班的老师总是这样，恨不得把学生的所有剩余时间都用掉。走到他们班前,我看到一个女生站在后门的窗户旁,眼睛不停地朝他们班里瞄。是等着急了吗?

我走过去,解释道:"他们班经常这样的,有时候一拖就是一节课呢。"

"这样啊!"女生听了我的话脸色更加难看了。

我说:"你是不是有东西要交给他们班的人啊?我可以帮你转交,他们班的人我大都认识。"为了能多接触到林以晖,我可是经常来他们班混的。相处了之后才知道,学霸班也不像传说中的那么冷漠,他们和我们普通生一样,都有颗热爱生活的心,只是表现方式不同罢了。

女生听完我的话,脸色潮红起来,低下头,转过身去,又转过来,很纠结的样子,最后好像下定了决心似的:"那就麻烦你了。"

接过女生手中粉红的信封,又有女生害羞的脸色为证,瞎了我的眼我都看得出来这是封情书!女生长得清清秀秀,还算可人,不知道是哪个学霸这么幸运啊。看到信封上书写的L,我一下就明白了,原来是写给郦闾闾的青梅竹马陆遇稀的,他那双桃花眼是挺迷人的。

"放心吧,我会转给他的。"我信誓旦旦地说。

"麻烦你一定要交给林以晖啊。"

女生脸色绯红地跑开,留下我石化般的站在原地。

刚才她说啥?交、给、林、以、晖!

什么叫作不作死就不会死？这就是了。

林以晖刚好也下课了，背着书包走出来："你怎么在这儿？"

听到林以晖的声音我吓了一跳，立刻把拿着情书的手掩在身后："你……你出来啦？"

"你那么紧张干吗？你身后拿的什么东西？给我的？"林以晖伸出手就要过来取。我吓得推了他一把，朝他后面跑去："我先回去了。"

我刚起跑就被他抓到了，他拽着我的帽子，把我拽到另一边："楼梯在那边。"

我觉得自己丢脸死了，他的手一放开，我就一溜烟地跑了。

3. 三个苹果代表我爱你

躺在床上，我第N遍后悔自己为什么要帮人送情书呢？对象还是林以晖！桌子上的情书像一把利刃，在夜里切割着我。毫无疑问，第二天我是带着一双熊猫眼到学校的。

"别告诉我你昨晚挑灯夜战了，我可不信。"郦阊阊说。

"烦死人了，让我先睡会儿。"

"跟林以晖有关？"

"嗯。"我回答得迷迷糊糊的，很快便趴在书桌上做起了白日梦。这个梦很不安慰人，梦里那个女生一遍遍在质问我为什么不把情书交给林以晖？难道没听说过宁拆十座庙不拆一桩婚吗！

我是被吓醒的，醒来时全班都在窸窸窣窣地写字。这节课全班都在自习，我的背上冷汗涔涔。

我觉得我这样不行，我不应该把情书藏起来不让林以晖知道，我不可以这么做！即使心里一千遍一万遍地告诉自己要做正确的事，但面对林以晖时，我还是很没出息地逃跑了。

我做不到，我做不到！

要是他接受她怎么办？要是他真接受她我又该怎么办？

在良心和嫉妒心的双重折磨下，第三天的我，精神更加颓靡了。

"你这不就是在作死么？要死就死干脆点儿，别半死不活的，多大点儿事啊？失恋了大不了哭一场，你这样还不如失恋呢！"郦闾闾瞟了我一眼，"林以晖找你，去吧。"

我拖着沉重的步伐走到林以晖面前，闾闾说得对，我不可以再逃避了："林以晖，对不起，这是别人前几天让我转交给你的，我不是故意要瞒你。"

林以晖伸手刚要接过，我马上又收了回来："林以晖,现在是必须奋斗的时候,你不可以早恋啊,留得青山在,不怕没柴烧。好妹子一定会有的……林、林以晖……"林以晖拿过情书后转身走了,然后在楼梯口把看也没看一眼的情书扔进了垃圾桶里。那一秒,我又石化了。我很气愤,林以晖怎么可以这样践踏别人的心意呢?又一想不对啊,比起这个,我更不希望林以晖接受那个漂亮女孩的心意不是么?我这么想会不会有点儿坏啊?我暗暗吐了吐舌头,不行,我得去背背政治,纠正纠正自己的价值观。

情书风波一过,盛大节日——情人节到了!

作为一名三好学生,这个节日是跟自己没有半毛钱关系的,可问题是,我不是三好学生,郦阎阎才是。再说了,我有喜欢的人了,虽然是暗恋,但这个节日多少还是跟自己有点儿关系的。

我思索着,干脆就趁着这个节日向林以晖告白好了!

"我记得某人对林以晖说过要学习不可以早恋的。"郦阎阎不紧不慢的一句话顺利地把我噎到了。

"今时不同于往日,计划赶不上变化懂不懂!"情书事件让我深深领悟到喜欢林以晖的人不只我一个,绝不可坐以待毙!

情人节,送巧克力?太俗。送花?对象弄反了,哪有女孩子向男孩子送花的。亲手做巧克力?这个好,最有心意了。可是,我不会做啊!一个不小心我会把我家厨房给烧了的。怎么办好呢？

情人节就在纠结来纠结去中过去了，郦闺闺一进班看见笑得骸骨升天的我就调侃道："看这情况，是你的巧克力被他收下了？"

"Nonono，"我摇了摇头，"我送的不是巧克力，是爱！是装满了我的爱的苹果！"我得意扬扬地回答。

"真肉麻，还装满了爱的苹……等等，你刚刚说的啥？你说你送了什么？"

"苹果啊，三个苹果！"我伸出三根手指，"当时林以晖都惊呆了，估计是第一次收到这么不一样的情人节礼物吧，他还收下了！哈哈哈……"我真的太开心了，没有注意到表情在风中凌乱的闺闺。

"你……你怎么会送苹果？"

"课外书上说，一个人鼓足勇气对另一个人说'我爱你'，至少要消耗三个苹果所提供的热量。既然这样，我直接送三个苹果不就代表我爱你了吗，我实在太机智了！"

"机智你个大头鬼啊！这么孤僻的课外知识有几个人会知道？天啊！为什么如此聪明绝顶的我会有个如此白痴的闺蜜呢！神啊，聪明美貌都是我的错，求你返点儿智商给白宋吧！"

"所以……林以晖并不知道我在告白啊？"

"你说呢？"

好吧，从郦阊阊悲悯的眼神我明白，我这次还是告白未遂！

4. 学习君，带我翻滚吧

日子总是过得飞快，倏地一下有"小高考"之称的学业水平测试就结束了。拿到试卷的那一秒我特别开心，因为好多相似的题我已经做过了。而那些题，都是林以晖用红笔帮我圈出来的。

想起林以晖，我就觉得开心。

我喜欢待在林以晖身边，他傍晚在班里留下学习的时候，我就跑到他们班去坐到他身边，和他一起学习。他说我在他身边会很打扰他，会让他效率低下，但我向他举手发誓，在他学习的时候我决不说一句话，决不会打扰到他，所以，不要赶我走。或许是我的眼神太真诚了，林以晖最终没有说什么。不拒绝，那就是默许了。

在一个理科班里，一个文科生在里面学习虽然有些怪异，却也意外地协调。因为我人品好，和别人都合得来，经常有男生过来跟我攀谈，每次跟他们聊天的时候我都能注意到林以晖微微蹙起了眉。我知道，我离他这么近，跟别人聊天一定打扰到他！一想到我可能会被林以晖赶走，我就会马上结束话题。

这天，我像往常一样来林以晖的班和他一起学习，但我没能如愿，因为我被他们班的顾言冰拦在了门外。

顾言冰，是我们学校的学霸女神，换句话说，她就是女版林以晖。我跟谁都合得来，而顾言冰，是个和我极不对盘的人。

她冰冷，高傲，这是因为她有资本，我理解。可是，我又从没干过坏事，没惹过人，干吗用那种仇人般的眼神看我呀？特别是每当林以晖抽走我正冥思苦想的题目帮我解题的时候，我都能感觉到不远处有个人用眼神朝我扔飞刀。

女生的第六感告诉我，她也喜欢林以晖。

"你以后不要来找林以晖了。"顾言冰冷冷地开口，"你知不知道你这样会打扰到他？他可是要报考清华北大的，怎么可以跟你这种学渣待一块儿呢？真是没有自知之明！"

我想反驳，学霸了不起么？逆袭学霸的学渣多了去了！还有，我学习成绩也不烂，我努力的时候也是进入过文科前五十名的！

可我看着她张了张嘴，最后什么也没说。我不会吵架，只是偶尔和郦阎阎开玩笑地斗斗嘴，但我真的不会吵架，也不喜欢吵架。

"你不知道什么叫作恬不知耻吗？就写在你脸上呢！时间这么紧，自己不好好学习还想拉林以晖下马，你可真是恶毒……

"林以晖才不会喜欢上你呢,你又笨又傻,还整天做些可笑的白日梦……"

从顾言冰嘴里蹦出来的话极为难听,我从没想到脸蛋那么姣好的女孩子能说出那么恶毒的话,最后我受不了,落荒而逃了。

第二天傍晚,我又去林以晖的班,一路上,我都在祈祷,千万不要碰到顾言冰,千万不要碰到顾言冰!佛祖或许真的听到了我的请求,这次我没有碰上顾言冰。不过,林以晖站在班门口。

林以晖把我叫上天台,天台上的风呼呼地吹着,撩起我的发梢,吹着我的胳膊起了鸡皮疙瘩。然后,我就听见林以晖用他清冷的声音说:"离高考已经不远了,你应该把心思放在功课上,有时间来找我还不如把时间花在学习上。"他在走下天台时说了最后一句话,"以后别来找我了,会被我讨厌的。"

天台的风真冷啊,明明是秋天,为什么却如冬天般刺骨呢?

林以晖说的我都明白,我应该把心思放在学习上,这是当前最重要的!可我放不下,要是突然间不喜欢林以晖了,我会觉得怪怪的,会觉得生活不该是这样的,喜欢一个人的心情,是没法改变的。

我不能再去找林以晖了,因为我怕被他讨厌。所以,我只能从他们班的窗户偷偷看他一眼,然后嘱咐他们班所有见过我的人要假装没看到。

我每天花很多很多的时间去学习,这样,我就没空儿去想林以晖了。还有,我要让顾言冰睁大她的双眼看看,一个学渣是怎么逆袭学霸的!

数学是我的软肋,但我相信只要用心去学,运用科学的学习方法,我一定可以学好的。什么海淀的、黄冈的、东北三校的,统统放马过来吧!我才不怕呢。

喜欢上一个那么优秀的人,我也得让自己优秀起来才可以靠他近一点点,再近一点点。

5. 是结束,也是开始

我知道的,一切都会结束。一个秋季,一个冬季,一个春季,都呼啦啦地走过,然后用"轰隆隆"的雷雨迎来最炽热的夏季。

我离开学校的时候有些晚,学校门口的路灯已经亮起了橙黄色的光。雨点在路灯照射下格外清晰,雨哗啦啦下着,我打开伞,被风一吹打了个寒战,手一抖大风就把手中的雨伞吹跑了,想去追已然来不及了。我回头往雨雾里看了看,这么糟糕的天气,该怎么办啊?

眼角突然掠过一个熟悉的身影,我回过头去看,发现是林以晖。我一直不肯让自己去找他,我以为我都已经快把他忘了,没想到,仅是一个背影,就让我熟悉到要窒息。

　　我亦步亦趋地跟在他身后，好想再让他为自己撑一把伞，好想再在他身边一起走。可是，他会拒绝的吧？可是，这可能是最后一次了啊！

　　我鼓足勇气在他踏入雨帘的时候从他身后钻了进去。我突然想起两年前第一次这么干的时候林以晖被不知从哪蹿出来的我吓了一跳，脸上还有隐隐的红晕。

　　"我的伞被风吹跑了，刚好我们顺路就一起走吧。拜托了。"不要拒绝，不要拒绝……

　　林以晖没说话，我知道他是同意了。我露出一个灿烂的笑容。

　　雨很大，走在雨中的我们感觉特别渺小，全世界只剩下"哗啦啦"的雨声，不停地回响、回响。世界很空虚，我却感到莫名的安心与满足，因为现在林以晖在我身边，我现在就走在我喜欢的男孩儿身边。

　　莎士比亚说，黑夜无论怎样悠长，白昼总会到来。所以，暗恋无论多么漫长，一切都会结束。

　　车站很快就到了，要带走林以晖的公交车很快到站，候车的一大群人蜂拥而上，而我身边的男孩儿却屹然不动，好像那不是他要搭的车一样。

　　"你的车到了，你怎么不上去啊？"我疑惑道。

　　"不着急。"无论什么时候，林以晖充满磁性的嗓音都分外动听。

等人群散了，林以晖才慢条斯理地走上车。

我的目光一直追随着林以晖，我看着他走上车，车门关上，又马上打开了，车上的林以晖折了回来。

"怎么啦？"我以为林以晖忘了什么重要的事，着急了起来。

"伞给你，不要感冒了。要是感冒的话会被我讨厌的。"他把伞塞给我，然后冲进雨帘，公交车载着他驶向远方。

我撑着林以晖的伞往回走，这不是我的车站，我的车站在另外一边。顺路，这只是我想跟林以晖再待久一点儿的借口。

我知道林以晖与我的差距有多大，但是就因为目标遥不可及就放弃行走是不对的。要去尝试，去努力，如果他不过来，那就我过去好了，虽然辛苦，可是，我在一点点靠近他啊。

夏日的太阳火辣辣地烘烤着大地，高考结束了，高中的生活结束了。一大群人在考场里兴奋地大喊大叫。人群很拥挤，我踮起脚尖，却只能看得到攒动的人头。

林以晖在哪？

林以晖在哪？

我在想，高考结束了，也代表我们的高中生活结束了，以后，我再也不能用任何借口去找林以晖了，因此，我的暗恋，也结束了。

但在这之前,我还是想要再见林以晖一面。

"林以晖!"我看到一个熟悉的侧脸,我朝人海中的他呼喊。人群太拥挤,人声太嘈杂,我的声音很快被其他声音给淹没,而他的身影也被别人推向远方。

他没有听到我的呼喊,他走了,我再也无法看见他了。我的心从来没这么悲伤过,眼泪簌簌地从脸上流下。经过我身边的人都用一种怪异的眼光看了我一眼,估计又是一个高考失利的倒霉蛋。

"你哭什么呀?"

温润的嗓音在头顶上响起,一只漂亮修长的手拿着纸巾帮我擦着眼泪。我抬起头看向来人,眼泪又簌簌掉下,好像停不下来了:"林以晖,我以后再也不能见到你了。"

"不要瞎想。别哭了,乖,走吧。"

我怔怔地看着眼前的人,由着他带着我走出人群。我的眼泪已经停住了,我的眼睛一下都不眨看着林以晖,我怕他就像不知什么时候出现一样倏地又不见了。

眼前的景物豁然开朗,一池莲花开得如火如荼。我突然想给自己最后一个机会,酝酿了好久好久的告白,我要说出来。

"林以晖,我喜欢你!你……你……喜欢我吗?"

我的脸涨得通红,心不停地打着小鼓。

林以晖按了按我的手心,我这才发现从考场出来到现在，林以晖一直牵着我的手！

　　林以晖举起牵着我的手，看看满池的莲花又看看我，眼里噙着笑意，扬起嘴角，露出两个浅浅的小酒窝。

　　我听见他说："真是迟钝！"

纸短情长，小心轻放

三金道长

虽然一直在告诉自己，要放下啊要放下，但最近还是会一遍又一遍地忍不住想到你。可能是在看书的时候看到某个情节，也可能是在踢足球的某一个瞬间，或者在哪个下大雨的晚上不停地用纸巾擤鼻涕的时候。

如果这样，那么我会停下手头正在做的事，怔怔地出一会儿神。

我最近喜欢上了提起笔或者敲打键盘来表达出自己想说的话，这可能就是一种感情的宣泄吧，不会影响别人，也能让自己快乐。

我写这些只是希望你能看到，在你偶尔想要知道，没有你的日子里我在想些什么在做些什么的时候。

在你的同桌跟我说我和你再没有可能，你已对我毫无感觉，你对我的好感其实只是我在自作多情，然后让我死心的时候，我竟那般冷静，一如那个你提出分手的晚上。

虽然我好像也找不到什么理由来推翻它，但我仍然有点不太相信我感觉到的你对我的喜欢其实都是假的，或者说只是我不太愿意相信它们都是假的。

看到这里你会说的大概是"毕竟真心陪伴过"这样的话吧。可我不想听这些。如果不能一直陪伴下去，曾经的真心也只会是枷锁或者负担吧。

还记得你带点安慰地说你也不知道将来会怎样，对啊，谁能知道未来会怎样，可重要的是你已经不再相信，我们的未来会怎样了啊。

你只是想找一个合适的人在一起，所以你只是曾经以为我是，而现在发现其实不是了。对吗？

在那之前我曾经托你身边的同学之类的人去探听你的想法。她们并没有立刻回复我，而我知道并且确信你已经真正离开这件事发生得太过于突然，她们问我有什么事，我只好说都结束了，让她们不要在你面前提起我，并且让她们不要告诉你我来找过她们的事——因为"感情就只是两个人之间的事"。这是你的原话，你看哪怕只是一句话也可以让我不可避免地想起你。

现在想想实在有点儿蠢，容易让人误会我在装可怜什么的，你会有压力。可是我也不知道从何解释，只好把这个再归入我做过的一系列错事里。如果她们好奇并且去问你又怎么样了的时候，给你造成某种困扰，那么我在这里请求你最后再原谅我一次。

对于刚见到你那个老朋友就问七问八不礼貌的事，也很抱歉，我只是不知道该怎么和一个陌生人寻找话题又怕气氛尴尬而已。请代我道歉。

还有以前送你不喜欢的礼物的事，也很抱歉，明明我已经知道了你喜欢什么，却还一意孤行。可能我是让你同桌觉得我辜负了她的好心提醒所以她才会那么生气吧。

太多了。我做错而让你反感的事情实在太多了，一言难尽。

就这样吧，虽然这么说有点儿强人所难有点儿厚脸皮，但还是希望你能忘掉不好的，记住那些好的就好了。

我不会再去琢磨着搞出什么惊天动地的大事件来让你感动了，不只是因为你所认可的"悄无声息无压力地对一个人好才是真的对一个人好"，也因为我已经明白，对不喜欢自己的人做出再多的哪怕让自己让其他所有人都感动的事情，他也只会无动于衷，甚至反感。

突然发现你把以前的相册啊、"说说"啊之类的关于我们的东西全都删掉，这可真叫人无奈，这让我很难找到以前你对我回应的痕迹了。

可能我实在太过于愚蠢，并没有经验或者说是资格去爱一个人吧。从来都是这样。

你总是担心我的恋爱观会被你掰扭曲了，嘿，我在此之前都还没有观过恋爱，哪来的恋爱观啊。你是我十七年来经历的第一段感情啊。

我已经不会再说什么永远等着你啊，只爱你一个人啊这样的蠢话了，也许这样很好听，但你也可能根本就不喜欢听。

我只能说我现在还是很喜欢你的，在我喜欢上下一个人之前我都是很喜欢你的。

其实你的长相到底是怎么样在我遇见你的那一刻起就已经无法中正客观地评价了，也许跟大众的眼光完全一样，也可能背道而驰。

或者说在真正喜欢上一个人后，眼里自己爱人的样貌已经不是那么重要。这就是所谓的情人眼里出西施吗？

其实有可能你真的很美啊，你看那么多人喜欢你。

以后也不要一刀切地把所有爱慕你容颜的男孩子否定掉啊。喜欢一个人从哪里开始并不重要。如果你担心找到的男人在你有一天容颜老去的时候就离开你，那你可以来找我啊。

哈哈哈，我这么丑，就只有你会要我，最起码会更安全，不是吗？

By the way，你喜欢正方形还是圆形啊？听人说第一选择是正方形的人做事偏向理性，选择是圆形的人则偏向感性。在我刚听到这个问题时，我便脱口而出："当然是圆形！"

很感谢你让我知道自己到底是有多矫情。

虽然我从前一直自以为潇洒，不在意别人的眼光，只求自己过得舒服，把自己弄得多丑多傻都不在意，只要自己舒服。喜欢就去追求，辛苦了就放弃，不想上课就逃掉，暧昧的都来者不拒。

想干吗就干吗。

他们都说其实我被宠坏了，从小被家长、被老师宠坏了。

但到现在我知道了，其实我也会有想做但不敢做的事情，会时常感觉胸口闷闷有气吐不出来，会有事没事自己坐在一个地方想七想八，然后把你一个也许无心的动作脑补出好几种想要表达的意思，会因为失去一段恋爱毫无斗志，会因为一个承诺抖擞精神专心考试然后登峰造极，会在心情不好的时候发现写点东西才是最好的发泄的方法，会像现在这样，感觉自己像个神经病。

很感谢你直接或者间接给我带来的所有改变。我也一直相信，在我度过这些以后我将会变得更强大。

最近我在看卢思浩的心灵鸡汤啊，虽然以前一直觉得看那种文章的人智商低,可是我智商那么高随便降点好像也没什么大不了的。(好嚣张哦。记得你以前常这么说。突然又开始想你了,让我发一会儿呆去。哈哈哈这也算是呼应开头了啊。)

《离开前请叫醒我》,你给我看的有"不给人压力地对她好,才是真的对她好"那句话的那本书。

结果一天就看完了。然后看完当天中午买的《白夜行》也到了。然后从书到手一直到现在为止连笔袋都没打开过。夭寿哦。

还记得那天你给我剧透,结果看到第十几页警方发现桐原亮司他爸死前曾脱皮带,我当时就猜到作案过程了。

你真过分。

够矫情够老土的一句话,最后我还是忍不住想说——把你从我这里偷走的真心和愿望都统统还给我好吗!

你真过分。

余生，请多多关照

琉 筱

写给你：

对不起啊，实在是不知道该如何称呼"你"，因为我不知道这个"你"会是谁，可是我依然想写这封信，把一点一点的小情绪剖析给你听，连同司空见惯的澎湃和波澜不惊。

最近脑子里总是浮现一个片段，我把语言都组织好了，就在脑子里。我把它记录在手账里，但又感觉写得一塌糊涂。我切实地感觉我好希望可以一直铭记，像记住今天是星期一明天一定是星期二一样理所当然。

我一直记得读幼稚园的时候，有一天中午躺在床上睡不着，侧身望着园外整整齐齐固定在窗边的一排彩旗，忽然有种奇怪的感觉。明天，明天又是这样，后天也是，未来是什么？我看不到。那是一种长驱直入的绝望，它很准时地在我第无数次看着彩旗的时候降临,我的眼角溢出泪水,哪怕当年我超不过六岁。

而后,我毕业,进入小学。

在某个夏天的周末午后,当再度失眠的我注视着挡不住阳光也扬不起来的挂帘,那种感觉又猝不及防地袭来。我强迫自己闭上眼睛不要去想它,可我骗不了内心无限的恐惧。我害怕那种无穷无尽的绝望,但更绝望的是我发现我竟享受着。尔后我拼了命地挣扎,像是被关在一个名为"孤独"的牢笼里的猎物,发狂地渴望着自由与空气。

你看,我真的是一个不折不扣的矛盾体,可那又有什么办法,我就是如此纠结。还好,那天之后一直到现在,这一刻,那种感觉再也没有出现过,因为再没有那样无聊的时光供我打发,尽管我依然深刻记得那揪心的无力。

几天前我发了一条动态,没过多久好友F私戳我:"你又怎么啦?初三了,可不能这样总是想太多。"我噼里啪啦打出一串字符表达我真的没事不用担心之后,我问F那条状态看起来真的像是我不开心吗,他回:"嗯。"我说可我真的没有不开心啊我很平静地在写,之后他问我有没有看过《落花生》这篇文章。

"有,小学读的。"我回答。

"我记得那时老师问了一个问题,从文章哪里可以看出作者对父亲的怀念之情。我看了通篇文章,一句也没找到。老师提问了全班成绩最差的那位同学,我本来打算看戏的，但是他说了句'作者写了这篇文章'，全班掌声雷动。"他顿了一下，继续说，"有时候事情不在于你做了什么，而在于你做了。"

果然，这有内涵的话除了喜欢一本正经胡说八道的他能说得出来之外也没别人了，但又再次毫厘不差地说破我小心翼翼隐藏起来的泛起的涟漪。是，要强的是我，懦弱的是我，没有脾气的是我，暴躁易怒的是我，明明介意得要死还死撑着的统统是我。F说我是属鸭子的，嘴硬。我满口嫌弃他，说我才不要跟你同类，但其实内心点头承认点得头都快要掉下来了。

我依然喜欢一声不吭地把事情做好了再说，所以我会的东西又多又杂；我依然喜欢做梦，嗯，还包括白日梦。醒了再把那些支离破碎的片段串起来，抑或写成一个个不真实的故事。所以我现在十五岁，却写了将近九年的文字。我依然不喜欢解释很多，在需要解释的时候保持沉默，所以我经常把朋友弄丢，但是还好，该留的人还在。时过境迁，我没有把自己弄丢。而至于你是谁，我在写给谁，这都不重要了。浮生未歇，我们本来就渺小得如同飞尘，在这偌大的宇宙间，浮浮沉沉，那么余生还请多多关照。

感谢你看到了这里，今晚夜色很好，能见到星星——我也希望你一样好。

晚安。

你的陌生人Zerry

他路过我的青春，惊扰了谁

槿烟雨

走了很远的路，遇见了许多的人，听了很多首歌，却始终没有找到源自心灵深处的那份安宁。最终，我带上行李，携上父亲，来到了Y中，虽然离家很远，却收获了一份宁静。

看到Y中的第一眼并没有想象中的烟雨蒙蒙，亦没有梦境中的安乐祥和，便忍不住有些失落。难道我还是错了吗？

偶遇了老乡，一同住进了学校旁的宾馆，一同去打着家乡菜馆名号的小店吃饭，却吃不出一丝家乡味儿，当真是离家太远了吧。想和父亲去风景区看看，看了门票价，我们相视一笑，夹杂着些许苦涩。静静地在学校里转了转，日已散尽光芒，月已芳华毕露。

送走了父亲，我一个人乘公交回学校，一不小心就坐过了站。我是一个静默的人，此刻茫茫人海，我感到孤独与悲伤在心底慢慢滋生。

1

所幸之后的生活渐渐步入正轨，似乎还是挺美好的。我是一个吃货，但食堂的饭菜不能满足我的味蕾，直到它的出现。

原本只是抱着尝试一下的态度，我要了一份酸菜鱼，只一口，就毫不犹豫地迷上了它的味道。不咸不淡、不油不腻，新鲜的鱼肉与酸菜的完美融合，加上酷爽的辣椒与鲜美的香菜，简直是这个食堂中的精品。原本无辣不欢的我只会吃水煮鱼、麻辣鱼这样鲜、香、麻、辣的美味，不承想有一天会被酸菜鱼征服。难道尝多了平淡的味道，稍遇到独特的就会被吸引吗？更何况这只能煮好后自己添加辣椒，辣椒与肉也未完全融为一体，却也还是色香味俱全。它是怎样做到的？

带着满满的疑问，我又一次来到了那个窗口。火花在蹿动，浓汤在翻滚，食欲又被勾起。排队的人很多，要的东西各不相同，而我只想要那份酸菜鱼。终于轮到我，说不激动是假的。卖鱼的叔叔还会贴心地备好面巾纸，除了询问每个人要什么之外，他都是很安静的。但我心心念念的只有食物，并不太注意卖鱼的人。

同一时间，同一地点，同一个人，同一份食物，我又一次来到了这儿。不同的是，我注意到了那个叔叔，他长得白白净净的，给人很亲切的感觉，手艺就更不用说了，反正我觉得超好。

　　偶尔他也会笑，很阳光的笑容。自那以后，我大部分时间的午饭都是在那儿解决的。当我第四次去时，意想不到的是他记住了我。他不问我要什么了，直接刷了酸菜鱼的钱，我像往常一样说了谢谢，他微微一笑，全世界都为他倾心。今天的酸菜鱼多了暖暖的、甜甜的味道，真好！

　　再一次去是在雨天，路湿湿的、滑滑的。叔叔说今天没做鱼，不好意思啊，下次再来吧。我默默地走了，有一丝不开心。第二天，我蹦蹦跳跳地过去，还没到，叔叔就忙说来来来。真是个可爱的叔叔。

　　那段时间真的好开心。人少的时候，叔叔也会和我说几句话，问问课程，问问假期。也曾问我酸菜鱼真的这么好吃吗，我甜甜地说好吃呀，他笑得更好看了。

2

　　时间在游走，那个窗口每天都会有一款打折。当我再去时，他说今天酸菜鱼打折，只刷了打折后的钱。之后的每一次，他都只刷打折后的钱。每次他看见我，就算他忙得没空，也记得让另一个叔叔给我打折。

或许是每次叔叔都给我打折，当我去吃别家时，都怕被他看见，感觉挺不好意思的。我甚至会到背着他窗口的桌子上吃饭，但有次还是被他看见了。他微笑着走过来看看我吃什么，然后说这家的添加剂放得多，以后要少吃。哦，多好的叔叔啊！

临近放假时，我有两天没去那儿，再去酸菜鱼就没了。叔叔说买的人太少了，就没做了，还给我推荐了其他好吃的。我这才注意到另外的吃的，以为味道不会怎样，没想到是美食，特好吃的美食。

室友老是问我怎么总去那儿，刚开始我会说酸菜鱼好吃呀，后来会加上因为卖鱼的叔叔很好很阳光啊。室友惊讶于我的变化，连我自己都没注意到。

再去时我问叔叔什么时候才有鱼，他说明年才做，我说还有几天就到元旦了，过了元旦就有了吗？他忙说是下学期。最后一次去，他说他要回家了，明年再来。我说："叔叔，我会等你和鱼的。"他笑笑，不说话。

3

放假了，妈妈做了很多美食，我却心心念念着那熟悉的味道。再一次开学，我带着特产，坐了好久的车，心里想着要让叔叔尝一尝我家乡的味道。还要问问他的名字，他的名字一定很好听吧。

每一天,我都会到那个窗口看。一天,两天,三天,却没见到熟悉的人影。两旁的灶上忙得热火朝天,唯独那个窗口像个孤独的孩子,默默地等在那儿。我又等了好久好久,却还是没等来想要的。终于,我问了旁边窗口的叔叔,他说明后天就来了吧。可过了好几个明后天他也没来,特产都已经发霉变质,不能吃了,白花花的一片,像眼泪被冻成了冰。就在我快绝望时,那个窗口有动静了。

我迫不及待跑过去,就要见到我心心念念的人了,好高兴。

下一秒,我傻眼了,全新的招牌,全新的身影,找不到一点儿熟悉的感觉。突然好想哭,我努力含住泪,说不定他换位置了呢。从那以后,我一遍遍穿梭于食堂的每一个角落,却遍寻不到他的身影。真的真的好心伤,明明我们只是萍水相逢,他怎么就给我留下了这么深的印象呢。

但不管怎样,我还在等待。

叔叔,男生是不可以说话不算话的,你还记得那个爱吃酸菜鱼的小姑娘吗?她还在原地等你呢,她还想多尝尝你的手艺呢!

叔叔,愿你安好,愿我们还能相见,我一定会问清一切。

最好别回忆最好你忘记

最好别回忆最好你忘记

左 夏

不知你是否和我一样，无意间养成了恋旧的习惯。

明明不会再穿的衣服却放在衣柜里舍不得扔，明明从没翻过的书也整齐地摞着不愿意转手。用过的涂鸦本总要压箱底一年又一年地存着。跟谁一起看过的电影、去过的地方念念不忘，票据总要一张一张仔细收着。和笔友的书信往来，无论笔迹是否还清晰也依旧腾出柜子一堆堆整齐地码着。就连当年的丑照黑图也要不厌其烦地上传空间，锁了几千张的"仅自己可见"。某段时间习惯和谁聊天，聊天记录舍不得清空，万不得已也要截图留着……

所有自己经历过的事都要留个纪念，所有存在过的痕迹都要完好地保存。但是心里却很清楚，自己并不是一个喜欢怀念过去的人，也没有太多的勇气去直视过往的时光。所以从来不肯回头仔细观望，多看一眼都不免生出物是人非的感伤，于是就只是积着存着，任由它们在时光里慢慢老去消逝……

或是十年八载，或是春去秋来，某一天突然就发现，自己不再喜欢五颜六色的T恤衫，那些红橙黄绿躺在衣柜里甚是扎眼，于是便成了睡衣、抹布，渐渐淘汰。

涂鸦本上缩写的姓名拼音依稀还记得是谁，只是那些青涩的话却再也说不出口。偶尔看到还会不小心脸红，这些当年在老师眼皮底下偷偷传递的小秘密，最终都被当成废品卖了。

电影票和景点门票越积越多，习惯性地夹在书本扉页或是笔记本里，毫无章法，零零碎碎，不记得哪一天被丢在了哪里。

厚厚的一沓书信，字里行间，总是反反复复地提起同一个人，少女的心事就如张爱玲所言，"听到一些事，明明不相干的，也总要在心里拐几个弯想到你"。我欣赏那时候勇而无畏的自己，但是不想重温过去。

那些年自以为好看的相片，如今看来全都是丑而不自知。大抵女生皆是如此，虽然口口声声说那时候很嫩，但那张充满胶原蛋白的圆脸和密不透风的齐刘海儿，看起来还是显得愚蠢幼稚，终归还是现在的自己精致一些。在社交网络上发旧照，大多不是为了怀念从前，而是为了引导别人"快点夸我现在好美"……

上千张的聊天记录截图终究还是太占内存，手机卡到不行,一直提醒需要清理垃圾。无奈之下索性一次性删除,什么痕迹都不留。不管对人还是对事,都不再耿耿于怀地剖析猜测。

你看啊,每天都会有新的故事发生,又何必把回忆弄得比经历还长?好的坏的,经历过就算了。什么都不必刻意记得,时间自会帮你淘尽杂质。最好别回忆,最好你忘记。

轻装简从,心无旁骛地上路即可。

一月份总是特别适合重新开始,不管曾经怎样蹉跎岁月,浑浑噩噩地挥霍人生,至少今年,你可以有所改变。故去的往昔不必可惜,未知的前路不必犹豫。新的一年新的期许。从此只活在此时此刻,此地此身。

洒脱之人,上天自会给他最美的馈赠。

梦

绸 缪

"嘟——嘟——嘟——"

钢珠磕碰在桌上的声音。

"沙——沙——沙——"

0.5mm子弹头划拉稿纸的声音。

"哗——"

有人翻动书页。

翻书……嗯？翻书！我一个咸鱼翻身，在座位上直起腰板，充分利用颈似鹅脖的优势扭动曲项朝四周巡察一圈。俯仰之间尽是一片四周乌压压、中心白旋儿的发海，唯一能瞧见脸的女士鼻间架个黑色半框眼镜，自上而下铁灰色全套西服，半靠在讲台边饶有兴致地翻弄一本花花绿绿的杂志，哗啦啦作响。

我连忙像个鸵鸟似的埋头，恍恍惚惚下移视线，白纸黑字的试卷像条又臭又长的裹脚布，四仰八叉卧倒在桌中央，百无聊赖地散发印刷厂专利所有的氨气味道。

这下不想醒也得醒了。

刚睡醒眼屎还没抠，黏度堪比强力胶，死死封住眼角，透过隙缝看卷面上的印刷体带了点雾蒙蒙的美。卷面左上角明晃晃标着"化学竞赛"四个加粗大字，末尾盛上一摊新鲜出炉、还未干涸的唾液，在骄阳下波光粼粼。抬腕估算时间，十点交卷，剩下四十多分钟。

四十分钟……除了选择题啥也没做。

怎么就睡着了呢？

我在内心痛斥自我，一边又悔不当初。

竞赛参与者人人有奖状，名额由老师挑选，一个班三个参赛者两个加分名额，意指前两名学生竞赛所得分会加入期末教师评比，从而影响教师风评。

我们班三个参赛者，化学科代表、我，还有我那辣条同桌。同桌生平唯爱辣条，校内的光阴全被他大把大把挥霍在两件事上：上课吃辣条，下课去厕所。托他的福，我的肠胃日益消瘦，且与他并称为"大小蹲厕王"。

我们的化学老师是个老太太，身材矮小，不苟言笑，被她盯上的人都无地可遁。在她眼中，无论优劣，你都是人群里不受潮就自爆的TNT。

老太太倚在太师椅上，脸色像是刷上一层夜幕，嘴巴抿成地平线，面前摞着近十包的方便面。你没看错，那就是我这周的口粮。

本周无迟到，无旷课，无挂科，三无的好周。

我及格了，但我在这里罚站。

班主任是老太太，这是个不争的事实。

"还有一年就成年了，还往嘴里塞垃圾，像话吗？"老太太用她那尖酸刻薄的语气挖苦道。我万分配合她，虔诚低头。

"你个傻小子，我上课你都在干吗？谷氨酸钠能多吃吗？你看看这味精黏在方便面上，连生产伪装都懒得做，一颗颗像虫卵，吃进肚子里是要孵出小虫的！"

哎哟别打我头，真要成傻子了！

老太太解气了，挥挥手把我赶到一边誊分数。科代表早已核完，我俩相互合作，互助互利，共同见证我的首次化学黑批。

知道分数，心里有了底，我胆儿肥了，问科代表："竞赛几个人报了名？"

"一个。我。"

"你瞅瞅我怎样？"

"呵呵。"

我决定不与这走狗交谈降低自己的身份，转而向老太太道："老师，我报名竞赛！"

"不可以。"老太太一口拒绝。

"老师,我这次及格了。"

"哼,科代表可是满分。"

"呵,呵。"我面上干笑两声,退了出去。没有把握的事我绝不触碰,没有利益的事我绝不插手。今早我妈松了口,只要有奖状,就给我买手机。

我摆出思想者的姿势,蹲守在教育组的必经途中,成功策反了科代表。

名单下发时,老太太差点儿心肌梗死。同桌哆嗦着捏辣条的手指,无语凝噎。

我跟在科代表身后,除了不能替她上厕所,搬本子、买牛奶、记作业、上下课接送这些起居事宜皆由我一手操办,若办不当赐试卷一张,若办得当赐试卷一张附答案。然而她也没想到,笔尖在答题卡上沉淀出一块又一块四氧化三铁,我还是算不出燃烧所需的铁丝纯度。

所谓学渣,到底如此。

老太太没有再考试,也没有找我拆弹。听科代表说,她是想给我赛前留点信心,免得考完了哭鼻子,像上次那样涕泪俱下、号如奔丧,她蝉联十八届的优秀教师可就断送个干净。

竞赛题不比寻常,选择题再不济也能随便顶个上去,如果说平日小测验唯两三只羊驼来搅局,此刻便有千万只羊驼呼啸而过。而我则是草原上最亮丽醒目的那一坨牛粪,屈辱地被按上羊驼的足迹。

要完蛋了,分针走得好快,欠了秒针钱吗这么着急?

十、九……喂喂我还有半张纸……

八、七、六、五……糟了答题卡没涂……

三、二、一!

……结束了。

……完蛋了。

讲台上的女士站起来,接过一沓白花花的卷子,捆好,走人。

四周窃窃私语,隐约能听见别人的语气,有点锋利,主角是我。

我耸耸肩,甩手出门,脚踩辣条包装袋,向后一倒,脑袋磕晕了过去。

"醒醒。人走茶凉了。"有个汗津津的手贴在额头上,激得我一个鲤鱼打挺。

科代表捏着牛奶空瓶,问我:"做梦了?睡得和猪一样。"

"考得怎么样?"同桌皱着苦瓜脸,"后面大题全空着,让你报我的名。老太太铁定盯上我了。"

"我都写完了。"科代表笑眯眯的。

"我也是。"我答。

"不错嘛,我就知道。"同桌一脸考试后的舒畅愉悦，"走，哥请你俩吃辣条。"

梦所带来的负面情绪残存于脑海之中，醒后三秒却如雪花般消融。

我很好奇，但不愿深想。

不过所幸，我遇到了他们。

走失了谁的少年

太阳雨

梦里,他站在逆光的地方,光芒在他身后绽放开来,看不清他的脸。可我知道,就是他,黎南,一定是的。我朝着他奔去,一路发了疯似的跑。最后,我停在他面前。我抬着头,看不清他的脸,可我能感觉到他不羁的眼眸深深地看着我。

一如我想象过千百次那样,一句话也没说。时光好似开始倒流,又回到了那青涩的时代,我好似也变回那个无忧无虑的叶小梦。我哭了起来,死命抓着他,我不能松手,我怕我一松手,什么都没了。

梦醒时,我发现自己只是抱着被子,刚才只是一个梦而已,眼泪还挂在我脸上。我觉得自己可笑得如同小丑一样。

很久没见到他了,有两年多了吧。不知怎么又突然梦到了他,我以为,我早忘了这个曾占据我大半个生命的男孩。

　　黎南是我的邻居,也是我从小到大的玩伴,从我有记忆开始,他就已经在我的世界里了。他比我大了一岁,小时候经常跟着他玩,他带我堆沙子、玩玻璃球、爬树掏鸟蛋。拜他所赐,我从小没有一点儿女生样,像个男孩儿一样整天跟着黎南和一群孩子闹得那条小巷鸡飞狗跳。

　　我不知道我们算不算青梅竹马,那时的我只是一个疯丫头,和男孩儿没什么两样。我很喜欢跟着黎南,只是偶尔也讨厌他的恶作剧。和他一起的时光,是那么的无忧无虑又那么的遥远了。那时的我们,是没有烦恼、整天打打闹闹天真的孩子,从未想过未来的我们会生疏成怎样。

天 真 无 邪

　　过年的时候,小卖部里有卖小孩子玩的烟花爆竹。只是大人们不准我们小孩子玩火,更不用说烟花爆竹了。哪有小孩子不爱玩的呢?我们只好眼巴巴地看着别人玩。

　　黎南不知道从哪里弄来了一盒爆竹,趾高气扬地在我们面前显摆着。我们都围着他,很是羡慕,他高傲地冲我们说:"我带你们去竹林那边玩,谁都不许告诉父母。"

　　他带着我们几个小孩儿,奔到竹林来。竹林的地上有很多小小的洞,是虫子钻的,黎南找了一个虫洞,说要炸掉它。他打开那盒爆竹，其他的小孩儿都躲得远远地藏在竹子后，怀着紧张害怕又兴奋的心情探出头来看着。

我站在黎南身旁，并没有走开。他从中取出了一个较小的爆竹，往盒子边上一擦，引燃了爆竹飞快地将它塞进了洞里，我尖叫着往后退狼狈逃窜，黎南也捂着耳朵往后退了几步。

砰的一声，伴着明亮的闪光和飞溅的泥土。而黎南很淡定地看着那炸开的爆竹，眉眼间尽是不羁。稚气的脸上，有着光芒，仿佛时时刻刻散发出对这世界的不屑，像个英雄。那个画面，我记得很清楚。

尽管那时的我们都还只是乳臭未干的孩子。

后来大家都玩了那些爆竹。剩最后一个时，黎南带我们去了竹林旁的菜地，他将它塞到一个大包菜的虫眼里。天真无邪，无恶不作。

伤　　痕

忘了是几岁那年，小巷里的孩子突然兴起了玩滑板。巷子里几乎所有的小孩儿都有了自己的滑板，我也央求着我妈给我买了一副滑板。

黎南便是我的"指导老师"。每天放学后，我们就去附近的公园滑滑板，他不厌其烦地教我怎么踩稳滑板怎么前行。我学得很快，不久就可以滑得十分好了。在那条小巷里没有人比黎南滑得厉害，连我和他比起来也显得逊色多了。他可以滑出我们都不敢做的动作，奇怪的是他很少摔倒。我只能默默地看着他急转弯，看着他踩着滑板旋转，看着他跃起再稳稳落到地上。

可总有失误的时候。我的左小腿上有一条丑陋的伤疤，便是他那时赠予我的，它固执地在我腿上待了这么多年，这辈子都将陪着我。

我当时正往前滑着滑板，他很快地向我滑了过来，我知道他是想要吓我，并且他在最后的关头会一个急转弯与我避开。可他突然绊上了一个小石子发出吱的一声，滑板一个急刹车，我抬头，他朝我张牙舞爪地扑来。他把我撞出去很远，我整个人摔在了地上，地上有一块尖尖的石子，把我的小腿划开一道口子，流血不止。我浑身散架了一般躺在地上。

黎南也摔得不轻，可他很快地爬起来，朝我连滚带爬地跑来。他扶我坐起来，手足无措地看着我小腿上的伤，焦急地说："痛吗？我，我去找大人来吧！"我张了张嘴，哇地哭了起来。

我妈因为我小腿上的伤口恼了很久，后来伤口成了疤她更是恼火，觉得一个女孩子留了疤就不好看了。她天天拿鱼肝油抹着，可那条疤痕还是不管不顾地留了下来，怎么也去不掉了。我没有告诉我妈，是黎南撞我的，因为要是黎南的妈妈知道了这件事会揍他的。

黎南还算仗义，请我吃了一星期的冰棍。

不 动 声 色

到了六年级那年，我已经不再那么野了。在父母严格要求下，我变得安静、乖巧，我的成绩一如既往地排在前三名。而那个时候，黎南的成绩开始下滑了。

我们都报了补习班，黎南是被他妈逼着过来的。他妈妈一副恨铁不成钢的表情对他说："你看看人家小梦，多让人省心，每次考试都是数一数二。"

她说这话时，黎南满不在乎地斜了我一眼。我避开了他的目光，心里别扭着。我一点儿都没有因为成绩比他好而有优越感，在我心里，他永远都是我心中最棒的最厉害的人。

补课的时间是在晚上，一共也只有十来个人去补课。黎南就坐在我后面。他不怎么听课，忙着和他同桌讲话。有时他会抓到一只甲虫，他便逗虫子玩，让虫子爬到我头发上，又或者将虫子放到我帽子里。我是很害怕虫子的，而我越是怕他越是爱捉弄我，我也不会向老师打小报告，只好忍着恐惧把虫子甩掉。尽管我那么讨厌虫子。

放学后，我和他是一道回家的，我们却从来都没有一起走过，要不就是他在我前面走，要不就是我们在马路的两旁走。我们就这样默默地走回家，一句话也不说。

小学毕业时，大家都在传同学录互相写，我也买了一本，可以一页一页拆下来的那种。我给每个人都发了一张。黎南是最后一个还我的。我迫不及待地去看他写的留言，他写得很简单：祝你梦想成真。

　　我琢磨了很久，怎么看这都只是一句客套话而已。

　　没有半点温度和感情。我还是把它夹在同学录的最后一页，就好像，我不动声色地将我对他隐秘的情绪藏在我内心最深也是最温柔的地方。

最好的时光

　　我们都升入了初中，开学第一天，我急急忙忙地跑去看分班，我是有多幸运呢，我们再次同班了。更幸运的是，他有一段时间成了我后桌。

　　黎南长高了很多，也瘦了，侧脸的稚气褪去，变得棱角分明。不变的是他那不羁的双眸，似鹰一样犀利。

　　他笑起来的时候，像明媚的阳光飞溅，笑得越来越无赖而放肆。他是一个很幽默的男孩，常常把周围的同学逗得大笑，那段前后桌的时光很短，却很美好。

　　他依旧不爱学习，成绩一落千丈。每次交作业的时候，他就用笔戳戳我的背，借我的作业抄。到后来，他都懒得抄作业，他把他作业往我桌上一丢，潇潇洒洒地站起来说"帮我抄"，然后一溜烟儿就跑去玩了。

我有些恼怒，但每次我还是会很认真地帮他抄好。他的字很特别，不像其他男生的字那样歪歪扭扭，而是很霸气洒脱。我小心翼翼地临摹着他的字，生怕老师看出来。我每在他作业本上写下一个字，我就会很奇怪又莫名地开心，仿佛我在他世界中留下了什么印迹一样。

考试时，他趁老师不注意，偷偷地踹我的凳子，让我传答案给他。有时他嫌我写答案写得慢，直接将我卷子抢过去抄，我总是无奈又好笑地纵容着他。

后来的我常常会想起那段如同甜得融在夏季的日子，思念着那时的我们，有着无忧无虑的笑容。那时的天空，很是湛蓝。

那年的时光就这样一去不复返了。

那么痛那么无奈

初二我们没有再同班，他没能进入重点班。并且他的教室也离得很远，不在同一栋楼。我几乎不再怎么和他联系，我们就这么匆匆散了。身边的好友和父母还是常常提到他。我在大人和同学们的八卦中，听说他经常整夜泡在网吧打游戏，甚至逃课去打游戏。也听说，他打架被记过了。我从大家的议论中，拼凑出一个他。我知道那是他，可我为什么这么难过。

父母总是说："小梦啊，你可不能学黎南整天混日子。少和他玩吧，不要被他带坏了。"可父母又怎么会知道我早就不是当初那个跟在黎南屁股后的丫头了。我们终于成了对方无关紧要的陌生人。尽管我那么想那么想接近他，可我早已没有了机会。

初三那年，我转学了。去了外地的寄宿学校，一个月才回一次家。这样，我就很少很少见到黎南了。就在初三那年，我听说他谈恋爱了。和一个本校的女生。我朋友还告诉我，那是一个很好看很活泼的女生。

我偷偷地躲在厕所哭，对着镜子哭得泪流满面。

我知道啊，黎南不可能只是因为那个女生好看才去追她的，可我就是那么固执地认为，如果，我能够漂亮一点，也许我也能站在他身边吧。我望着镜中的自己，普普通通，怎么也和好看搭不上边。青梅竹马，都是骗人的。黎南，你最终还是在时光长河人海茫茫中和我走散了。

很久没见他了，也很久没再去想他了。可是，我还是那么难过。记忆中那个爱穿白衣的少年啊，有着世上最阳光的笑容，和那独一无二的眉眼。我把有关他的记忆，藏了起来。不再去触碰了。

那么痛那么无奈。

远去的少年

初三那年，他复读了。而我以优异的成绩去了当地最好的高中。那年，我搬家了，我和黎南不再是邻居。

父母不再常常提起他了。他们开始拿我和别人家的孩子比较，总是说他们的朋友哪个孩子有多勤奋。黎南渐渐地淡出了我的生活。大家好像都将他忘记了一样。可是我没忘。他依旧是我睁眼闭眼就会想起的人。

转眼，几年过去了。

他一定还有那颗勇敢又叛逆的心，他高傲不羁的眼眸依旧还在。我想啊，他永远都会是不知天高地厚的样子。那个我曾热爱过的少年，他有着这世界最好看，也最让我心动的侧脸。

我在三年的高中生活里，变得不再那么自卑。我学着黎南，变得爱笑，也常常把欢笑带给别人。我甚至也学会了他那洒脱不羁的字体。我把自己活成了他的模样。

后来我也不再执着那些没有答案的事情。黎南，他对我而言，是美好而又不能触碰的梦罢了。他永远都会是我心中那个干净而又阳光，有着不可一世眉眼的男孩儿。

我把心中那个一直难以忘怀的少年和我年少时的心事写成了故事。不是所有的故事最后，女孩儿喜欢的那个男孩儿，也是刚好喜欢这个女孩儿的。

所以我不怪任何人。他不喜欢我也没关系，我会努力成为最好的我。

尾　声

　　最后一次见到他，是在两年前，一条人来人往的街上。他迎面走来。刹那，我觉得世界静止了。他露出了好看的笑容："嘿，叶小梦。"

　　他依旧笑得没心没肺，让我恍惚地以为时光倒流了。我愣了几秒，看着这个我曾心动的男孩儿。我回他一个大大方方的笑容，然后我们擦肩而过，各自隐入人群。

　　黎南，我们，再也不见。

时光与你，我都来不及好好告别

鹿　眠

1

下午最后一节课，物理老师在讲台上唾沫横飞，我坐在座位上低着头捧着本《盗墓笔记》看得津津有味。张羽田的声音从后脑勺边上传来："你在看'盗笔'啊！"声音不大不小，刚好全班同学和讲台上的老师能听到。霎时间全班鸦雀无声，前一秒还在给同学们介绍自由落体运动的物理老师这一秒已经停止讲课径直朝我走来……

我依依不舍地看着物理老师带着我心爱的《盗墓笔记》返回讲台的背影，随即扭回头恶狠狠地瞪了张羽田一眼。

那小子一脸幸灾乐祸，笑得人畜无害："那本我看完了,后来阿宁被蛇咬死了。"

我听完一脸黑线,什么都能忍,就是透露剧情不能忍啊!看着左边的大落地窗,我还真有种想跳出去做自由落体运动的冲动!

下课铃还未响完,张羽田就一下从后桌蹦到我座位旁。我抬头朝他翻了个白眼,便自顾收拾课本,不理会他。

他见状有些着急,"哎哎,你不要生气啊!大不了我赔你一本!"我不接话,收拾好东西起身回家,他更急了,"大姐啊你就原谅我吧,我错了,以后上课你再看课外书我给你当保镖!老师一来我就发出哗哗的声音提醒你!"

……

我强忍笑意,走到门口忍不住回头看了眼张羽田。

他皱着眉头,正一脸郁闷地看我,暖色的夕阳余晖和葱绿色的常青树在落地窗背后互相映衬,少年身上的校服和空荡荡的教室此时看来颇有几分怀旧老电影的味道。

2

我一个人自顾自地在校园林荫道边走,张羽田也不知道是从哪儿冒出来的,"噔噔!"他略微弓着身子,把手上的粽子提到我面前,那只可怜的粽子被当成催眠的怀表晃来晃去。

张羽田笑呵呵地把粽子塞到我手里："呐，给你赔罪来了！"我一脸铁青，有些愠怒地把粽子砸回他手里。"你不知道我看'盗笔'的后遗症就是再也不敢吃粽子吗？"张羽田听罢，笑得更欢了："我知道啊，所以特地请你吃粽子让你克服内心的恐惧！"我一时语塞，不知怎样回答他。他正在嘚瑟，身旁多了一男生出来，男生一脸八卦地凑过来，一手搭在张羽田的肩膀上，冲着张羽田挤眉弄眼。

我记得以前张羽田说过最不喜欢别人传八卦了，看他的表情估计他现在也和我一样尴尬得要死，结果那哥们儿还摆出一脸"我懂的"的表情。

一时间谁都不说话，气氛古怪到极点。我实在受不了，冲那男生说："你别到处乱讲啊，我不认识他的！"男生不理会我，反而冲张羽田挑了挑眉，张羽田满脸无辜状："我也不认识她！"

张羽田摆摆手，朝我眨了眨眼，随后一个转身便要走。我见状，朝与张羽田相反的方向转身也要走。搞得那哥们儿站在原地一直"哎！哎！"不知如何是好。

现在我每次走过这条林荫道，站在没有张羽田的常青树下都对那次的转身离开后悔莫及。如果当初能预见这样的未来，那我一定追上去，把我和张羽田的距离缩得短一点儿，再短一点儿。

3

　　我总喜欢在每个周末的清晨钻进书店,然后窝在畅销书的书架边上,搜寻喜欢的小说。

　　清晨的书店人相对较少,不过也有些像我一样的人早早过来淘书,但是在我到达目的地时我还是诧异地揉了揉眼睛——没错,站在书架边上一脸认真挑选书的人正是张羽田。

　　冤家路窄啊!

　　我挥手拂去额前的冷汗,默默地走到张羽田身边,"唰"地一下抽出本《盗墓笔记》。张羽田回过头看,发觉是我便咧嘴一笑:"早啊!"我一脸阴沉地回他声"早"。他倒是饶有兴味地打量起我手里的《盗墓笔记》来,然后眉头一皱,说:"你一个好好的新时代小女生为什么喜欢看'盗笔'啊?"我白他一眼:"在你眼里所有新时代小女生都喜欢看琼瑶阿姨的书咯?"张羽田一听就乐了,兴奋地跟我讨论起《盗墓笔记》里的人物来。少年特有的阳光气质混着他独特的嗓音在空气中弥漫开来,整个书店似乎活了过来,洋溢着勃勃生气。

　　"哎哎!你别只顾着自己找书啊,你倒是听我说啊……"

　　"哎,哎!你别走啊!你还喜欢什么类型的书?武侠喜欢不？金庸古龙梁羽生我给你推荐一个？……"

我抱着书自顾自地往前走，心说今天的书店真是特别啊。

不对，是有张羽田的地方都很特别。

4

期末考将至，所有人都鼓足干劲儿，准备在期末考中大干一场，给这个学期画上个圆满的句号。可就在期末考前两天晚上，学校突然停电了！

一时间全校同学都跟打了鸡血似的，整个学校都像一场狂欢的party。四周一片漆黑，我无心参与班上女生的"鬼故事协会"，便一个人坐在座位上发呆。

"鹿眠！"座位旁出现了个人影，我听声音知道是张羽田，没好气地回答他："干吗？"他听我这口气也不生气，反而凑上前，把整张脸都贴了过来，小声地说："我喜欢你。"我脸一沉，更没好气了："玩游戏又输啦？怎么还玩那么老套的惩罚，你们真是无聊透了。"张羽田愣了愣，似乎是没想到我会是这反应，随即郁闷地看着我："好吧，那你至少得让我把台词说完啊，我下学期要转学了，转到北方的Z市，好远的。可能以后咱们很难见面了……"他顿了顿，又凑过来，"你会想我吗？""我就算是把'盗笔'里出现的怪物都想一遍也不会想你的！"

我话音刚落，张羽田就立马打开手电顶在下巴上，把舌头吐得长长的，冲我做了个鬼脸。

我猝不及防，"啊"地尖叫了一声，随即后排男生堆里爆出一阵哄笑声。张羽田无奈地冲我笑笑，转身朝后排的男生堆里走去。

后来的后来，我无意听同班一男生说起这事。他说当时游戏的惩罚只是让张羽田做鬼脸吓唬我，可不知道为什么他磨叽了那么久。

我听后干笑两声，什么也没说。

5

慵懒的寒假生活在春暖花开里告终。

开学第一天，我穿着厚厚的羽绒服像只笨重的企鹅一样挪到告别了一个月的座位旁。课桌上积了层薄薄的灰尘，轻轻一碰，那些灰尘便扬起卷入空气中，此情此景总是让人想到古旧斑驳一类的词。

打开抽屉正想清理，低头一看，一本《盗墓笔记》静静地躺在里头。我拿起来一看封面，正是被物理老师没收的那本！正纳闷，后面冒出两个男生抬起张羽田的课桌就要走。我惊诧地拦住他们，他们也满脸狐疑地看向我，末了其中一个男生跟我解释，说是张羽田转学了，课桌没人用，所以老师让他俩把桌子搬到学校的仓库去。

我瞪大眼睛，一脸不可置信的表情："张羽田转学了？张羽田怎么会突然就转学了？"

"他爸妈做生意啊，然后家就搬到北方的Z市去了，所以他就转学了呗……哎，你坐他前面那么久你怎么不知道啊？"

我突然想起以前张羽田问我最不能接受什么场景，我想都没想就回答他，离别。

我不说话，只是把手里的《盗墓笔记》紧紧抱在怀里。我突然觉得很冷，裹着厚厚的羽绒服都还觉得很冷。

6

开学后的几个星期都无聊透顶。我不知道是不是南方春天湿润的天气让我变得沉默不想开口，但我总是在放学后一个人坐在空荡荡的教室里看着落地窗后面的夕阳和常青树，觉得它们很孤单。

我在座位上看《盗墓笔记》时，后桌的女生总会用一种看外星人的眼神看着我："你怎么看这个啊？"

我笑而不答，但每当这时我都会无比想念那个上课突然从后脑勺边传过来的声音，那个在书架边上认真的表情，以及那个在一片黑暗中莫名其妙跑过来带着点儿羞涩却又无比坚定地说喜欢我的少年。

7

世上最遗憾的事,不是等不及相遇,而是来不及告别。我们的故事,从未开始,却已落幕。

我的少年v

泪 安

1

少年v的名字带v,但我始终不想说得太清楚。

我的家在城南,他在城北,他家有一只猫,我家有一条狗;雨天他喜欢敞着外套在旷地里跑来跑去,而我则蜷在房间里看大雨倾盆;雪夜里他会蹦蹦跳跳插个胡萝卜装成雪人的鼻子,而我整个冬日手指头都与钢琴和冻疮为伍。

幼年里所有美好的想象都来自v,这便造成日后我不懈寻他的缘由,那样想要靠近的心不停地澎湃,等待着他有朝一日的光临。

人海茫茫,谈何容易。

初中三年往复，冀北的旧信大概代替我如今之于青春的全部问候。他的来信中当地的美景风光和风土人情一一跃于笔下，美妙惊奇，可字里行间却无不透露对家的眷恋。冀北的彼时在车程四十小时开外的城市求学，异乡的他无时无刻不在想要奔一个好的前程。

　　冀北的骨子里是骄傲的。他常告诫我：参差百态即人生。那样骄傲的冀北，不肯示弱。而事实上我一直假装不知道他在食堂就着馒头勤工俭学。

2

　　再说幼年，我打小便被锁在家里培养品性，从笔墨纸砚到宫商角徵羽。当然这不是重点，重点是晴日总有调皮的男孩子三两做伴朝我家窗户丢石头子儿，偷伸出院墙外的大枣，这个时候小黑就会汪汪地吓退假想敌的进击。

　　这便是我和少年v的结识之初。某次，我不慎被他们的弹弓弹到下巴破了相了。啼哭之际，引来众人家长狠狠教训。而v恰好于第二天就搬离了这里，所以见他的最后一眼便是被父母训斥时朝我怨恼的眼神。

　　说出来都成了故事，我没说的是，在那之前我就和v约好用石头子儿作接头的暗号，他趁我父母不在家时溜进院子将我反锁的门打开，交换条件是院子里的大枣随便他吃，而小黑也很识趣地安静啃骨头。毕竟小黑是他送进我家的"奸细"。

所以后来我才百般央求父母留下了小黑。可是，v和我，和小黑，都没有好好告别。

那会儿我实在不能接受小伙伴这样擅自离开，于是屋子附近都找遍了。小时候以为，房子都是隔着房子，不在我家旁边，就在我家旁边的旁边，不在这条街头，就在街尾。

很久以后，看到书上说，小时候要是让女孩子破了相了，长大了是要讨她做老婆照顾她一辈子的。我想这句话说得真好听，就像戏文里唱的那样。生同衾，死同穴。我之后听大家聊及他们搬去了城北。车路弯弯绕绕，离这里很远。而那时于我步行到达不了的地方，都没敢启程。

3

冀北来信说暑假在大酒店做实习经理衣冠楚楚薪资颇高。我盼冀北回来看我，却不敢央求。于是奋勇宣告要去看他，却被冀北拦了下来。冀北担心路途遥远，而我似乎铁了心想要证明自己无所畏惧。事实上，初中毕业之后，从未离家的我终于决定瞒着冀北踏上通往他所在城市的列车。火车才开了一站，熟悉的景物不断倒退至不见。拥堵闷热的车厢就像一个蒸炉把我的身体里的水分以眼泪的形式猝不及防地蒸发出来。我想，大概是太热了。可是冀北，我好思念你。

厚厚行囊还有一小片落在我帽子上的残叶。逐渐远去的列车，载着我穿过山水重重向他靠近。

那是一个难眠的天光，故事亦暂停。只有列车前行的轰鸣声一直在脑海中挥之不去。画面辗转，初升高，新校门口和父母走散，我被一群痞子模样的小混混堵着，为首的那个倒是有些眼熟，剃个小平头，比我高半截，气势上就压倒我。

据他描述才知道小时候偷枣不成还被小黑吓得尿裤子之后挨揍的那次他也是其中一员，这多年后才来寻仇。

他说："你记住我，我叫李伟，我来找你了……"

眼见父母寻过来他们随即跑开了，为首的在人群里朝我回望了一眼，表情复杂。

我朝车里的镜子照了照，下巴那里还是有个小疤，不起眼，但是存在。

4

时光来复去，v大概就变成一个标签，紧紧粘牢我的记忆，我忘了他的样子、个头，但是却清晰地记得那些由美好堆叠交织而成的笑容。

在我顺利地考进了冀北的高中之后，我仍然和他保持另一种方式的联系，校园里的光荣榜，甚至某一块青阶小路，都被我视为和冀北的共存。

分不清从什么时候起，冀北在我心里越来越重。

狭路相逢，李伟居然和我同班，座位是倒一。

于是每每想要从后门进教室的时候都被恶狠狠地盯着。轮到我执管纪律的时候他常咋咋呼呼吵闹不停，甚至威胁我不准告诉老师，我想这样的报复还有多久？不过幸好我还可以拿冀北来安慰自己。

我常常独自在操场发呆。冀北曾经是校体育队的主力，我总觉得心中的冀北无与伦比，光芒万丈，应该受众人敬仰。他曾经挥洒热血的操场，就成为我最喜欢独处的地方。而李伟恰好是体育特长生，训练之时意外和他多有照面。有时候李伟三千米长跑时路过，看到我在草坪上两眼放空的模样，然后立刻踢过来一小块碎石。

所以后来，李伟总是想着法儿刁难我。一次训练，队里散得较早，就剩他一个人在绕着操场跑圈。我收拾自己的东西，临走时瞥见他的身影穿过眼帘，心里没来由的一阵不悦，起身之际，他忽然栽了下去。我见状心急，立刻跑了过去，李伟双唇惨白毫无血色。上下打量之后我不说二话把手上的奶瓶直直地往他嘴里灌同时大声呼喊。他险些呛着，之后面色也逐渐红润。当时他的头枕我怀里，李伟睁眼，看见我喝了一半的奶瓶尤为嫌弃。

"我好心救你，你不领情就算了。让你低血糖晕死在这里好了。"然后耳红着匆匆忙忙逃开了。

"喂。谢谢你啊。"仍是虚弱的李伟在我背后扯着嗓子喊。

事实上，这都是冀北告诉我的生理知识，他总提醒我注意防范自己或身边人晕厥，平时多备些糖类在身上。冀北大我三届，如今已经是地地道道的医学生，我在用他教给我的方法救人。可是冀北啊冀北，这些年，你究竟在我身上留下了什么。

在少年v搬走之后，冀北的一家人就住了进来。他年长我三岁，又高我三届。他把他所看见的天空提早地描绘给我听，于是我就这样跟跟跄跄跟在他身后，眼里只看得到他的样子。而少年v就在音讯全无的日子里，缩成一个点。好像很久都记不起，只是动一下，忽然疼一下。

我常幻想那时候的冀北，一定像光一样。他大概也不知道，三载过后，会有人站在他待过的地方，如是这般地思念他。我收集很多的讯息，包括后门口他曾最喜欢的小吃。只是其中一个卖红薯的摊贩很久都没有再出现，我等过很多的晴雨天，都没有等来。

执着地想要翻起三四年前的旧事真是困难的一件事。我仍乐此不疲，知道冀北在哪家面馆的哪个位置吃过饭，也能让我满是喜悦，这一天都精神满满。

5

经过上次的低血糖事件之后,似乎哪都能碰到李伟,而一来二去,也不似最初的厌烦,只是相视点头。

李伟大多数的时间都趴在那打盹,这让我想起我家枣树下的小黑。神情倒是有些相似,想到这里偶尔会扑哧一笑。

我在自习室写很多的信,有时候誊了一遍又一遍,只为冀北收到信件美观工整。然而我高中那会儿恰是冀北实习关头,一封封送出的信件压上年华的铅痕然后没有余音,就像所有碌碌跑过的日子,再相似也无复返。

废弃掉的稿纸常投篮般扔进垃圾桶,有时候会引起一些细碎的声响。那会儿李伟抬头,相视一眼,有说不清的复杂感觉。

令我没想到的是,后来有人细心地去翻过那些垃圾,把我随性投进垃圾桶的废纸又小心翼翼地拿出来,一点一点地抚平,然后心满意足地夹进课本保存。

我意外折回自习室见着的就是这样一幅场景。而那个人,是和我冤家路窄的少年——李伟。

光线落在他身上,棉质的衬衫有阳光的暖暖触觉。一向盛气凌人的他竟然涨红了脸说不出话。

"你在干吗?"我拍他背问。

"没干吗,就是你看到的这样。"他细碎地念叨。

"哦。那你在干吗?"我又提高声调重复一遍。

"不就是你看到的这样。"李伟似有不服,手插在兜里看窗外。

他的声音从背后传来:"你给我记住。"

我瞥了一眼,这句话听得耳熟,当初他曾在校门口堵我说,记住他叫李伟。后来我想,也许我真的记住了。

他说完这句话我脑子里闪过的是我家枣子树,我想枣子树上有多少颗枣我就想扇他多少下。竟然恍惚的还有v,那个一直说着念着要寻找却搁置在时间长河里的v。

我有很久都不记得他了。

漫扬的纸屑,上面写满了我对冀北的思念。那样的涂痕就像曾沿着我心上纹路走过的思念一样,走得好急,却都没有到达他心里。再一次收到冀北的来信。冀北不再给我看他所经历的绚烂,他有了我接触不到的以后,而我停留在他挥霍掉的从前。

来信里附赠一张合照,照片上的女子笑容甜甜。

信里写:你看,嫂子漂不漂亮。

我想我的记忆一定有很多的偏差。我的冀北从未属于我。他像一个长者一样频频教导我如何生活,却从未想要参与我的以后。

6

  高三的最后一年,我失去了和冀北的联络。他小心地走着脚下的路再也无暇理会我,而李伟却在我的视线里毛毛躁躁地闯了三年。两个人也不知何时起化敌为友彼此互勉。

  一次闹肚子,是李伟送我回家。快到家门口的时候,小黑意外地叫了起来。李伟呆住很久,然后自言自语地说:"它已经不认得我了。"

  男生折身离开的时候,树影斑驳。那些树影投射在水泥地上,然后单车的轮子一碾而过。

  那个夏天哗啦啦的像是泡在泪水里一样,有人欢喜有人愁。我的志愿,依然停留在南方小镇,而那个冀北所在的冰天雪地的城市,我亦庆幸只有耳闻。

  火车轰鸣的声音开进耳朵。回忆的线收收合合,手里紧捏着去大学的列车票根。就像做了一个很久的梦,梦见初中毕业的那个夏天,也是这样的场景,我第一次独自踏上列车,想要去的却是冀北的城。

  然而那次千里奔赴的结果,我却没有和他相见。

  我所看到的冀北,他在大学城附近的餐馆打着零工烟熏火燎面容憔悴。忙碌一天之后吃的都是店里剩下的食物,他是那么骄傲的一个人。依旧坚持努力着想要活出自己的人生。他总把好的事情说给我听藏起那些不悦,我想我更愿意相信他笔下的蓝图,相信他会过得很好。

无论如何,总要好好活着。

v先生,是李伟的谐音。幼年里,那都是我和他的故事。

我和少年v的最后一次相遇。

车发了半小时,有人拍我的背,某人痞痞的声音响在耳畔。

"喂,你真不知道我和你报的同一所大学啊……"

7

我的v先生,我寻他很久。

有时候是梦醒,有时候是梦里匆匆。

睁眼的时候,天大亮,我想他会刚好在路上等我,等我遇见他。这种想念穿过四季的阴晴,穿过昼夜,穿回蝶翼般透薄的幼年时光。

直至穿到你面前,你好,少年v。

时光毋念

祗念

1

我们遇见过,在时光之外的某个角落。

我知道,我一直是一个太过飞扬跋扈又反复无常的孩子。十八岁,我仍旧将自己定义为孩子,只是为了纪念我的已经失去的青春时光。我曾一度以为我会是个被永远宠溺可以不长大的孩子,我也曾固执地相信,即使时隔经年所有人都会是不变的模样,可后来,我却知道那应该都只限于梦想。

我不用有多用力地回想就可以忆起那些如同黑白电影一样历历在目的被叫作往事的东西。我可以依旧清晰地看到那些或悲或喜的表情,可却没有了声音。我依旧不见那些浮华或是喧嚣,我将脸埋进掌心去感受那些已经变凉的温度。身后是熟悉的油彩,无声无息地讽刺着我的爱。

2

我习惯了等你,直到你再也不会回来。

我还可以想起你的容颜,如暮春的花海总是我望不见尽头的尘埃。我依旧在约定好了的地点等待。直到有一天,你再也不来。巷口昏黄的灯光投映出你的脸庞,一如既往地没有悲伤,我抬起头仰望那一片灼眼的青藤墙,却忘记了你再也看不见我的泪光。

街角重叠的老套的对白和苍老的画面是你未曾和我说过的再相见,你的影子划开空气中弥漫的月光,撒下寂寞如雪,还是那时不变的地方,只是我一个人从日落到暮色昏黄。

3

我爱上了回忆,一遍又一遍地想起。

我忘了自己怎样去习惯孤单,喝着下午茶说早安,或者是听着耳机中不厌其烦的单曲循环。只是偶尔听到与你有关的字眼,心便疼得受不了,无法不被嘲笑。

相册中的照片还没有开始泛黄,日记本却满满地写下了时光，我无法分辨那些白纸黑字间的爱或者信仰。以及那些潜藏的斑驳的时光。我们一起走过很多地方，以至于我开始喜欢四处游荡，抑或是我一个人的流浪，若我还是那个没有方向感的孩子，该怎样回到我最初来时的地方？

4

我开始放逐自己，那个与你们有关的自己。

他们对我说，天长地久都是骗人的，我不相信却又没理由反驳。我开始努力忘记，回归到最初的自己，那时我还没有遇见你，没有哪怕最平凡的宠爱，我已开始不在风里等待，并且从此不会悲哀。

我放逐自己去流浪逃开所有的幻想。若有人愿意借我翅膀，请原谅我再也不会回到遇见你们的地方。

5

我的悲伤再与你无关，请别来表演。

回忆已开始变得疏离和陌生。曾经那个自称孩子的小女孩儿已经长大，她开始喜欢格子衫，扎起高高的马尾。她的身影在时间的洪流中变得倨傲，再也不会躲避和哭泣。

6

　　我将重新定义所有的故事,主角不再是你。

　　所谓宿命和轮回再也不是顾忌,你不见我转身之后斜阳芳草以及最美的荼蘼。

　　我依旧会遇见的人们,将陪伴我走过下一个冬季。

　　故事还是故事,而你却只是回忆。

若 明 晓 溪

兔子先森

军训期间认识一个女生。不是受欢迎的类型，倔强而又敏感，争强而又好胜；不是漂亮的类型，却高傲到不行，下巴总是高高抬起，眉眼里全是冷傲。看起来很难相处，事实上也没什么人会和她主动接触。很多人说起她时都是一副难以理解的模样，说她不是什么了不起的人，却总是一副不可一世的样子。

我和她的接触也不深，仅属于见了面只会寒暄几句的君子之交。我不喜欢她也不讨厌她，虽然偶尔会因她过于敏感的举动而不解，但并没有觉得是多大的问题。

军训结束后更是没有什么交集，偶尔在路上看见她也总是见她一个人，抱着书，匆匆忙忙的。依旧是黑黑瘦瘦的，整齐而又怪异的穿衣打扮。在路上曾听见有人偷笑她："喂喂，你看，像不像《明若晓溪》里面的明晓溪的打扮？带着一股浓浓的乡土气息。"

原本便不是有关联的人，对她的印象渐渐地淡了，即将把她从脑海里移除时，却让我以另外一种方式去了解了她。

"你有没有看学校的校报？"两个月后的一天，我的室友突然来问我，神情诡异，一脸仿佛吃了什么噎住了的扭曲表情。

我摇头："没看，那上面写什么了？"

"你记不记得原来一起军训的那个女生，不好相处，黑瘦黑瘦的。"

我顿了一下然后想到她，微微点了点头，更觉得怪异："好端端的怎么提她了？"

她把校报递给我，情绪整个低沉下去，带着一丝懊恼和后悔："早知道就不那么说她了，她家里这样，她那种性子也是情有可原的。"

我看见校报头版醒目的一个标题：《最美女孩儿用柔弱肩膀挑起风雨飘摇五口之家》，配在旁边的是她的照片，高高昂起的头，不服输的姿势。我愕然。

小学时她的父亲便离世了，留下了八旬的奶奶、患病的妈妈和年幼的弟妹以及一堆因父亲治病留下的债款。那个时候她不过十二岁，却将一家五口的重担扛在了身上。开荒地种菜，播种插秧，洗衣做饭。忙碌在学习和赚钱之间。没有钱租菜摊子，其他卖菜的阿姨可怜她老是被城管驱逐便分了半个给她。她靠着这半个菜摊撑起了自己和家。和她熟悉的人都说，这孩子可懂事了，知道大家帮助了她，自己忙完了就到处帮大家打理菜，卖菜，做点儿其他事。个子小小的她，能够挑起一个壮汉才能挑起的菜篓子……那个时候的她只有十二岁而已，她承担的是我们很多人连想也不敢想的责任。都是十二岁的孩子，我们璀璨明媚，而她却已傲骨独存。

后记里说到她对于家里的负担怎么想的，要不要一起分担，她说，我希望弟弟妹妹好好读书就好，因为家里还有我。

我看到记者是这样评价她的：她在属于她的年纪里承担了不属于这个年纪的责任，她让我们看到了什么是责任，什么是孝顺。而她，已经多次被市里评为"优秀团员""优秀90后"等。

这都是我所不知道的她。

这件事在学院里掀起了轩然大波，那几天人人都在讲关于她的事。学校团日活动时见到她，她拿着一本小册子低眉沉思，研究运动会的事。完全不顾周围人的眼神，仿佛报刊上那个坚强而又贫困的姑娘和她无关。

我忽地想到她的敏感倔强，和骄傲仰头的姿势，然后完全明白了。她是上天派来承担苦难的天使，必须骄傲地生活。

可能是人类本身对弱者的一个下意识的怜悯，此后再没有听过有人说她什么。虽然大多数的时候依旧是她一个人独来独往，但是我也渐渐看见她的笑容。不是那种微微勾嘴角的笑，是露出牙齿的开怀大笑。和她一个寝室的朋友和我聊天时说，她们一起去吃饭的时候买的都是肉，她一个人吃青菜，她们把肉分给她她也不反对。她从不买零食，她们偶尔买的时候就也会给她买一包。我问："你们不怕她尴尬吗？"她说："一开始我也觉得这样太明显的同情意味会使她尴尬，但是她自己说，所有的帮助都是财富，她知道我们在帮她。"我沉默不言。

再后来，我收到她送来的橙子。她说："橙子丰收了，听别人说你挺喜欢吃的，给你送了点儿过来。"我迷迷糊糊地接过，忘了道谢。后来才知道，那天她给帮助过她的人都送了点儿橙子过去。而她给我的理由不过是我在军训期间问过她一句"你要不要喝水我这里有"。就是这样一句话，让她一直记挂这么久。

前不久的运动会上我看见她，她报的是女子3000米，这个项目报名者寥寥无几。她以她特有的速度跑着，不紧也不慢。一开始跑得快的几个都慢慢减速，后来甚至开始走，只有她自始至终都是那个步调。后来她得了第二名，第一名的是一位体校的学姐。

家的依靠是飞翔的翅膀，没有翅膀的女孩儿必须努力奔跑。

我想到第一次见她时，她穿着军训服站在最后一排，黑黑瘦瘦的不起眼的样子，却在教官教动作时跟着练了一遍又一遍。或许对她滋生看不惯的别样眼光就是在这时候吧。人们常常看不惯看起来不如自己的人比自己努力得多。

我记得《明若晓溪》中的那个明晓溪，黑黑瘦瘦的，土里土气，在一群光彩亮丽的美少女中显得格格不入，但是却又是一个让人不得不直视的耀眼的存在。至少这点是对的，她确实像明晓溪。

那么，明晓溪，请你慢慢奔跑，高昂着头依旧骄傲如天鹅。

你不在灯火阑珊处

假如所有的喜欢都有迹可循

沐晚歌

1

我每天都会坐在画架前,细细地描绘着画纸里的人的眉眼;会默默地提着画板去水房认真清洗,看着从水龙头里冲出像水晶一般清澈透明的水,混着五颜六色的水粉,最后斑驳在粗糙的水泥板上。很久很久以前,骆长安是不是也跟我一样,每天站在这里,看着清澈的水和五颜六色的水粉融在一起汇成各种颜色?

桑桑一直不明白我怎么会选择当一名艺术生,在她看来,我一没天赋,二没耐心,这样的人是怎么耐得住寂寞在画室里坐上一天的?

我想,如果喜欢是种颜色,那一定是蓝色,因为我第一次见到骆长安时，他就是穿着蓝色的毛衣。

高一那年，我们的教室搬到高三画室的旁边。那天天气很好，我早早地来学校，走进教室时，看到四周的墙壁上都挂满了画，才发现是我走错了。墙上的画吸引着我，于是我鬼使神差地沿着墙上的画走了整个教室。

也是因为这样，少年的脸忽然跳进我的视线里。他穿着蓝色的毛衣，左手拿着画板，右手拿着画笔，低着头在认真地调色。

隔着一排长长的画架，他棱角分明的脸在明亮的光里显得极其的柔软。那一刻，我心中忽然涌起一种奇怪的感觉。

后来我知道了他叫骆长安，是高三尖子班的学长。我一直很诧异，一个画画这么厉害的人，学习为什么也会那么好？

我开始关注他，越深入了解越发现他是一个努力的人，一下课就往画室里跑，别人午休的时间他永远在图书馆写作业。他还喜欢笑，笑起来眼睛弯弯像月牙一样，让人备感温暖。

放学，我会趴在离他最近的窗口看他画画，偶尔身边聚的小伙伴多时，他会抬起头，朝我们这边望一眼。那时候我低下头，心慌乱得有些不知所措，我明明知道在骆长安这陌生的目光里，不单单只有我的存在，却还是不争气地脸红了。

每天期盼骆长安从我们的教室经过时能够看他一眼,我想,如果有一天我跟骆长安认识了,我要以什么姿态去见他呢？我成绩不好,颜值不高,这样的自己在他的面前太过渺小,所以我努力学习,只希望有一天能够成为像他那么优秀的人。

喜欢是一种魔力,我开始频繁地往图书馆跑,因为骆长安每天中午都会在图书馆看书,他有一个专门的位置,那里放着一叠高高的书,书的封面用漂亮的楷体字写着"骆长安"三个字。

我坐在距离他十多米的地方,看着他埋头写作业,看着他静静地翻书。有时候风从窗子外肆虐地吹进来,把他的书都翻乱了,他会放下手中的笔慢条斯理地整理好。

2

骆长安作为高三的艺术生,在艺考前已经停止上课,那段时间他没再去过图书馆,想要见他就只能去画室里。不久后,他的画架也从画室里消失,他要去考试了。

画室一空,便会招新的艺术生,而我,便成了这画室里新进的学生。我坐在了骆长安的位置上,或许我成不了骆长安那样的人,可是我却可以和他一样,为了优秀而努力。

我的旁边是一个很可爱却一直喋喋不休的女生,她就是桑桑。

艺考结束的那晚，作为画室的师妹和师弟，大家自发地为师兄们表演节目，我选择了独唱。那天，我在台上的时候看到了坐在第一排的骆长安，我装作淡然地把目光投在他身上，如果暗恋是首歌就好了，我可以大大方方地唱出来。

时光好像一晃就过了，高考前他来画室我才知道，桑桑是他的妹妹。

那天是周末，清晨的露水还挂在樟树叶上。我提水回到画室时，看到了桑桑的身后站着一个熟悉的人，我一愣，手里的水差点儿洒出来。

桑桑跟骆长安一起朝我看来，桑桑兴奋地说："林暮瑜，这是我哥哥，他也是一名艺术生哦。"

骆长安的嘴角勾出了一抹浅浅的笑："师妹你好哦。"

那一刻心激动得仿佛要跳出胸口，同时，又有一种失落的感觉悄悄在心底蔓延，他果然不认识我。

我放下水礼貌地笑了笑："师兄好。"

那是我唯一一次跟他近距离接触，他一直站在桑桑的身后给她指点。后来桑桑烦了，对他说："暮瑜基础跟我一样，你不如去教教她。"

被点名的我一慌，抬起头时看到他有些窘迫，那一刻我竟然有些羡慕桑桑，我说："师兄，可以教教我吗？"

他点了点头,站到我的身后,我握着笔颤悠悠地在画纸上涂抹……那天天气很好,窗外阳光明媚,那一天也成了我青春纯白时光里记忆最深的一天。

他毕业的时候,我已经可以用一支笔自由地描绘脑海中那个人的脸,所以在我的画纸上常常画着相同的一张侧脸。桑桑总说那个人的眉眼熟悉,我每次都笑而不语。

我想起了很久很久以前看到过的电影。邱淑贞饰演的东东爱上了梁朝伟饰演的荣先生,东东是一个不起眼的女孩儿,看到喜欢的人时就会莫名地结巴,所以她偷偷地喜欢荣先生,却不敢太过靠近。我是不是也跟东东一样?只不过命运最终眷顾了东东,让她跟荣先生有了交集的轨道。荣先生终于知道有一个女生一直在默默喜欢他,所以最后,他们在一起了。

没有人知道,在一个雨天里,骆长安曾经跟一个气质出众的女生一起撑着伞从我面前经过,大雨淅淅沥沥地下着,而他们挨在一起的身影却那么晃眼。

或许喜欢是没有痕迹的,所以骆长安从不知道我喜欢他,即便我们曾经无数次在图书馆相遇,即便在饭堂的时候他一回头就看到身后的我,即便我每天会趴在窗上看他画画,即便他知道了我跟桑桑是好朋友……

桑桑后来才知道我喜欢的人是她哥哥,惋惜地说:"喜欢的方式有千千万万种,你为什么选择了最默默无闻的一种?喜欢就大胆去追啊!"

可是喜欢自始至终也只是我一个人的事啊，更何况那时候骆长安已经到了他梦寐以求的大学。我们或许再也没有交集的轨道，所以有些喜欢，深埋心底就好。

你不在灯火阑珊处

舸 轩

|

在有风的午后,一个人安静地听歌,总会联想到时光静好、岁月安然之类的词语。

虽然有时候,同样的曲子,怎么也听不出从前的旋律。就像曾经莫名喜欢过的歌,现在听来很平淡,而现在觉得动人心弦的歌,却是以前很不屑的一样。但是,大多数时候,听着熟悉的歌曲,当某段旋律或某句歌词触动心弦时,那些散乱的时光片段会接连成一个个挥之不去的画面,跳动成往昔的回忆。

当熟悉的旋律流入耳膜,我想起了那个下雨天。我和木鸢沿着小巷走,而蒙蒙烟雨落在头发、衣服上,渗入一种似有若无的冰凉感。小巷悠长曲折,跃然有曲径通幽之妙。

木鸢用手背蹭了蹭鼻梁,说他好像走在悠长又寂寥的雨巷,希望逢着一个丁香一样的姑娘。说完他用力地、快乐地打了个响指,等待着与撑着油纸伞的丁香姑娘的邂逅。忽然,在巷口的转角处,猛然出现一把油纸伞,伞下的面孔忽隐忽现。最后发现是……卖伞的大妈。

从此以后,我逢人就津津乐道木鸢的丁香姑娘是卖伞的大妈。

木鸢总是似笑非笑地解释:"大妈打雨巷走过,油纸伞是美丽的错误啦……"

Ⅱ

早读课时,木鸢一边用粤语朗读古诗,一边感慨自己怎么读得这么悦耳动听,一副自我沉醉的模样。

他喜欢古诗和散文,偶尔为诗文作画,特别崇拜古代那个画几只蝴蝶追逐马蹄的画家。记得上《荷塘月色》时,木鸢对着那句"叶子出水很高,像亭亭的舞女的裙"沉思良久。末了,他提笔作画,三两下就勾勒出栩栩如生的荷叶,再以荷叶为裙,信手拈来一个舞女。画舞女时下笔轻盈,而荷叶的笔触细腻。乍一看只见荷叶,细看才发现有亭亭玉立的舞女。

当木鸢把这幅荷叶图送给我时,我有感于兄弟情深,回赠一首诗,把他感动得热泪盈眶。木鸢容易被感动,偶尔被一个含情脉脉的眼神或者一句深情的话感动得语无伦次。像上次他打球扭到脚,我帮他打水打饭带夜宵,他感动得唱起了儿歌——"找呀找朋友/找到一个好朋友/敬个礼/握握手/你是我的好朋友……"唱到忘词的时候,他就开始乱唱了——"我有一只小毛驴/我从来也不吃/有一天我心血来潮骑着去赶集……"是的,你没有听错,是"我从来也不吃",不是"我从来也不骑"。

不过,木鸢同学童心大发后,很快会回到成人世界。像现在,他为即将到来的家长会发愁。看到排名榜的那一刻,他就有自挂东南枝的冲动,感到无颜见家长。我正想安慰他,他却射来阴森的目光:"兄弟,我待你不薄,是你两肋插刀的时候了!你帮我写首诗,给我妈的。不用把我妈夸得貌美如花、菩萨心肠,让她感动就行了……"说完他塞给我纸笔,含情脉脉,让人不忍直视。

好吧,青春荒唐,我不负兄弟。我写过一首情诗,姑且修改下献给木鸢的妈妈吧。

家长会那天,木鸢的妈妈满面春风,见到我时,言辞之间对木鸢寄予了厚望,透露出对儿子的百倍信心。末了,他妈妈说:"我家木鸢给我写了首诗,哎呀把我感动得……"我立马表示出惊奇,静待下文。他妈妈怕我不信,还把那首诗深情款款地背了出来。话音刚落,我一脸真诚地赞不绝口:"哎呀,好诗好诗!写得真好!听得我都感动了……"

III

饮水机在一阵咿咿呀呀的怪叫后，停水的阴谋宣告成功。

窗外不时有人捧着水壶、拎着水杯垂头丧气走过。我正想着停水和停电是对好兄弟，原先扭得呼啦呼啦的风扇果然开始安静……

木鸢给我买了汽水，还叫我去天台吹风。

天台的风裹挟着一股热气。木鸢的发丝随风荡漾，眼神游离，一副若有所思的样子。他侧脸的线条，勾勒出些许忧郁。

他输了球赛，仅一分之差。如果他最后的那个球进了，就能扭转战局反败为胜。

依稀记得2010年南非世界杯的时候，我和木鸢一起穿着巴西的球衣，站在人头攒动的广场上，对着大屏幕呐喊助威。空气里满是青春的热血气息，我们为巴西的每一次进球疯狂嘶吼。

最终巴西还是输给了荷兰。那时木鸢问我："为什么会逆转？如果卡卡再进一个球，就能扳平比赛了。"可是我们再喜欢卡卡，也不得不承认，巴西输了。输了就是输了，没有如果。所有的如果，都是一个悲伤的假命题。那个并没有发生的如果，永远不会跳出来改变今天的失落。

我发现生活其实可以有很多种如果，可尽管如此，如果再多,却必然只有一种结果。

想到这里时,我拍了拍木鸢的肩膀:"兄弟,世界杯夺冠最多的还是巴西。"

木鸢扑哧一笑,欢快地把汽水一饮而尽。

IV

不知为何,学校的饭堂开始走奇葩路线。

首先放眼望去,菜色一目了然。随后,你可以看到蘑菇和豆腐的黑白配,也能欣赏到蘑菇和紫菜的长相厮守,以及蘑菇、青瓜、红椒的三角恋……几乎所有菜色,蘑菇都不离不弃。对此百搭,众人从饶有兴趣到谈"菇"色变。

我和木鸢心照不宣,决定弃暗投明,去小吃一条街浪荡。

刚开始时,我们都承诺多看少吃,还对着美食指指点点。木鸢喜欢对我说:"你看,这个太矫揉造作了!小吃应带一点粗野的味道,彰显食物本色。"

指点完毕后,我俩开始赞不绝口,口不择食。

我们先是点了姜撞奶和虾饺。新鲜姜汁冲撞牛奶,静置凝固后即为姜撞奶,味道香醇爽滑,甜中带微辣。虾饺呈带褶的半月形,晶莹剔透,包裹独虾,往往一口而尽:先是饺皮爽口弹牙,后有汁液入舌,再是虾肉鲜甜可口。品味之间,不禁心向神往,仿佛采菊东篱下,悠然见南山。

吃着吃着，我俩把多看少吃的承诺忘得一干二净。木鸢又买了鸡仔饼："鸡仔饼真乃人间美味，口味咸甜相和，质感酥脆兼备。"

我看着杯中的酸梅汤，毫不示弱地说："酸梅汤上口冰凉，酸甜适度，恍若游离于水田云天。"

说完我和木鸢相视一笑，发现吃货的幸福其实很简单。在爬书山跳题海的日子里，每当累了，厌倦了，我俩就直奔小吃街饱餐一顿，弥补憔悴的身心，带上满满的正能量重回书山题海。

后来由于门禁，我们很少出去扫荡美食。而不久后，饭堂也痛改前非，一改奇葩路线，回归正常轨道，菜色日增，蘑菇也功成身退。

V

元宵节那天，木鸢找我去看花灯。

花灯很精致，烛光透过红宣纸透出一种温馨的静美。不远处的戏台，正在举行猜谜灯会。我和木鸢挤到前排，对着那些谜语苦思冥想后，果断选择赏花灯。

一路上人潮汹涌，我俩若即若离。一不留意，我和木鸢就走散了。我跑上城门往下看，到处灯光摇曳，就是寻觅不到木鸢的踪影。

我退回人潮中寻觅，被挤到一个巷口。蓦然回首，木鸢却在灯火阑珊处。

木鸢站在那里，看着手工艺人做花灯。看到我时，他说你小子怎么一个人跑了？随后他手指着花灯的骨架，说他从小就很喜欢花灯，还跟爷爷学过扎骨架。

我问他："为什么喜欢花灯？"

木鸢背着灯光嫣然一笑："其实有的时候，你喜欢一样东西，久而久之，再也想不起它的好，喜欢已经变成了一种习惯。"

我想也是吧。我也无法为我的每一个喜好，都找到完美的解释。

后来，我们站在桥上吹风，目光随着河里的莲花灯流动。桥头传来幽咽动听的箫声和歌声，有人在唱《千百度》——"我寻你千百度/日出到迟暮/一瓢江湖我沉浮/我寻你千百度/又一岁荣枯/你不在灯火阑珊处……"

那是木鸢很喜欢的一首歌。他闭上眼睛，安静地沉醉其中。

曲终人散时，木鸢说，他还是想选择画画，不管结果怎样，他都会走下去。

我笑着说："既然选择了远方，就风雨兼程吧。"

木鸢莞尔一笑，和我一起仰望璀璨的星空……

VI

忘了有多久没见到木鸢了。

上一次通话，时长四十五分钟。他的声音从另一个城市传来，清澈，柔中带刚。他说他过得不错，有了工作室，有面包有梦想……

这几年的元宵节，木鸢都没有回来。我看花灯看到眼花缭乱，又不喜欢人山人海，只好一个人站在桥上看风景。桥头传来不知名的乐器演奏的曲子，是那种喑哑坚硬的音色，像把沙子撒进玻璃杯一样。

我更喜欢那一年的箫声和歌声。那时木鸢说："歌声最动人之处，不是声音，而是那颗悲伤的心。安静地听歌，是最好的选择……"

以前木鸢说他听《千百度》听到泪流时，我笑他太矫情。老实说，以前我觉得《千百度》平平淡淡，如今听来却别有一番滋味。我们一生寻寻觅觅的，像梦想、爱情、成功等，有时候寻觅千百度也是徒劳无功两手空空。即使如此，也要有"一瓢江湖我沉浮"的潇洒，和每天简单地活到太阳下山的怡然自得。

每当我站在桥上，看两岸灯火摇曳时，总是不可抗拒地怀念那些年的兄弟情谊。可是木鸢，你又不在灯火阑珊处。

没有伤感，只是怀旧。生活在继续，我和木鸢的故事也未完待续。如果有机会，在太阳每一天升起与降落的远方，我会告诉你结尾，像阳光洒下一样自然、温暖……

愿你被很多人爱被岁月温柔以待

苏 意

我对五月的第一印象并不好。

相信我，无论人们口头上的"鸡汤"说得有多么义正词严，也几乎没人会对一个丑姑娘产生好感。不仅丑，还邋遢，脾气怪异，好像浑身都带着某种让人厌恶的气场。

六年级的第一次军训，这么一个"有个性"的女孩子很快在众人中"脱颖而出"，成为接下去很长一段时间大家肆无忌惮嘲笑欺负的对象。这是一个怪现象，一旦有人和自己的世界观产生偏差，她就会被排斥出群体。

五月有一个小习惯，她走路喜欢大步走，走几下惯性地在地上滑一下。大家想要欺负她，将沐浴露倒在拖把上，然后将地板拖得特别光滑。实施这个计划时同宿舍的几个女孩子捂嘴笑得乐不可支，想象到五月狼狈摔倒的样子，有点儿得意。

计划当然很成功，那副情景像是小丑滑稽的表演。五月涨红了脸想要摆脱，却不得其法，只会让大家掩嘴笑得更开心。从头到尾，五月始终一声不吭。

　　彼时我还没有那么勇敢，愿意迈步站出来将五月护在身后。实在看不下去，也只是悄悄将她们的恶作剧破坏掉，然后提醒五月下次小心。

　　事末，她看着我的眼神非常感激，拼命挤出一个笑容。我望着她的眼睛，能感受到她这个笑容下面坚毅的生命力和对现实的无可奈何，以及，我心里的一份不可名状的负罪感。

　　一个教室不大不小，分组两个星期一换，每到星期一的班会课，大家自觉抱着自己的书本热热闹闹地换位置。只有五月，因为没人愿意坐她的位置，她每次都要搬着自己的桌子换，小小的身影穿梭在大家避之唯恐不及的目光里，显得那么孤单凄冷。

　　偶尔有人看见五月朝教室过来时，会故意将教室门和窗户关得紧紧的，任凭五月在走廊上转来转去，假装没有看见。他们是群体，在门内；五月是个体，在门外。一扇门，划分了两个世界。

　　晚自习时，后排的男生聚在一起，用各种各样的小纸团往五月的背后扔。五月一回过头去，他们全都神色自若假装不知情；五月一放松警惕，他们便窃笑起来。一来一回，像一场拉锯战。

五月的人缘坏到什么地步呢？她当着大家的面做任何事情，都会被嘘和哄笑，不管走到哪里都是一个人，形单影只。连数学老师都不愿意收她的作业，虽然没说什么，但是那嫌弃的眼神足够杀人一万次。

就像周星驰拍的那部《长江七号》里头那个被所有人厌弃的小男孩儿。

其实五月是有优点的，她的画画得很好，我无意间看到她的画册，白纸上名侦探柯南画得非常传神。作文也不错，语文老师甚至当堂表扬然后朗读，然而底下不屑一顾的居多。

非要比较的话，我与五月，应该是两种极端。我有许多很好的朋友，初一时我转学到一所新学校，大家知道后都不舍得，但是听说五月也转走了，他们拍桌子欢呼。到了新学校我们不再同班，她有时会来找我。有人和我说，她是年级里出了名的奇葩，我才知道，她依然饱受歧视。

闺蜜知道她的事情，亦一直同情她，善待她。

可有些时候，我们说同情或者要坚强，这些都不是褒义词。善良是需要感同身受的。

不知道什么时候开始，五月好像在她的极端里远走越远，非常悲观，也非常自满，同时非常脆弱，负能量一身，连自己都看不起自己。我们劝说无用。

后来升进高中，五月和闺蜜在同一个班碰见，闺蜜很大方地走过去和她一桌。闺蜜也许是想治愈五月的，我想。

然而没过几天，我们在食堂遇到，闺蜜一直哭一直哭，说五月很黏人，爱说话，总爱在自己写作业时哼歌。闺蜜是一个爱静的人，写字速度有些慢，五月这么一吵，完全集中不了精力。她也和五月商量过，没有改进，闺蜜只好把两个人的桌子挪开一些，然而这么一来，五月便觉得闺蜜也在讨厌她看轻她。

闺蜜很委屈。

当一个人自卑到了尘埃里，也许就会像五月那样多疑。毕竟有一些交情，我碰见五月时，和她讲了这些事情，她似乎听进去了，眼睛不敢直视我。

接下来五月收敛了许多，可是她的其他举动越来越让人头疼，甚至，带了一些破釜沉舟的偏激。

在一些不合时宜的场合，当我们和身边的朋友在一起时，朋友们不喜欢五月，五月偏偏要凑上来，末了问一句："你们是不是很讨厌我？"

气氛顿时变得非常尴尬。

与人相处，除了讲究天时地利以及人和之外，还要一些合得来的三观，这些都很重要，缺一不可，否则我们必定不能成为很好的朋友。

五月是一个好姑娘，她会给我们看她的画和文章，记得我们的生日。在一些很小的细节上，她的闪光点总会让我们眼前一亮和感动，她对我们付出了全部的真心。

我知道五月是感激我们没有拿她当异类看的。我很抱歉没有和她一起在友情的路上走下去。

但我始终希望五月可以拥有很好的生活，希望在往后可以有很好的人接纳她，有人会发现她的那些好，也希望她可以改掉偏执的毛病。

愿她被很多人爱，如果没有，愿她在寂寞中学会宽容。

我们曾相遇

佟 杨

别人说,有的人就像行星,有各自的运行轨迹,即使在某一段轨道相遇,但始终会回到原先的轨道,然后彼此独善其身。

那个别人就是杜尚,我是林星,也许我们就是他口中相遇过又独善其身的行星。

一月你还没有出现

高三过了将近一半时间,我突然惶恐起来,看着周围斗志昂扬的战友,我林星也作为新时代的一分子,怎么可以没有目标就这样浑浑噩噩度日呢!

像我这么有冲劲的人立马就着手思索目标,动用一切可利用的关系打听大学的事情,毕竟高考已经迫在眉睫了。

　　我和婴宁把上一届师兄师姐留下的报考指南和专业目录翻了又翻，最终敲定了一个目标——邻省的C大。

　　可能是本来自己就是一个很肤浅的人，所以看中这所学校很大程度也是名字好听，占地面积够广。但这都不妨碍我接下来用自己熟得不能再熟悉的贴吧继续找人，找个师兄好在开学时帮忙搬行李。

　　这一切充分说明我就是个热衷于未雨绸缪的人，又或者说，我就是个爱瞎折腾的人。考不考得上似乎完全不在我的考虑范围，我已经从考那所学校变成热切希望认识那所学校的人。

　　也许上天偏爱我这种傻得像白开水的人，所以我在幸运之星的眷顾下找到了一个同乡。

　　杜尚原来不仅仅是同乡，更是校友。知道这个事儿之后，我厚着脸皮喊他师兄，然后要到了他所有的联系方式。

　　他说："贴吧水很深，找师兄应该尽可能从校友入手。"可我满不在乎地反驳："我这哪儿不是从校友入手了？"

　　我看了看教室里摆在讲台上的日历，原来，一月已经过去，二月迈开了脚往我们这群人的高中生涯狠狠一踏。

三月下起了大雨

时间越往后,就越觉得老师拉着大部队开着火车轰隆隆地往更好的明天驶去,而你却停留在原地,茫然却无法动弹。

我一瞬间搞不懂了,照理说三月春天到,不是该呈现出万物复苏拥有勃勃生机的模样吗?为什么我觉得三月来了我一点劲儿都使不上呢?

历史老师说,这个时候是毕业生的第二个瓶颈期。南方春天的大雨像是压在骆驼身上的草,有人能熬过去,有人就这样倒下。

在一个下着滂沱大雨的周六下午,我走出教室到了六楼走廊。我一会儿看看眼前的大雨,一会儿看看依旧在教室奋斗着不肯走的同学,我觉得我就要被压得喘不过气了。

我做了一个疯狂的决定,给那时已经在网上聊得很熟的杜尚打电话。我已经找到了他曾经在光荣榜上的照片,我有点儿不知足,想听听他的声音。

可是我没有想到我自我介绍完的第一句话会是带着哭腔的:"还有这么点儿时间我不知道我能做什么改变什么。"

他的声音像是在暴雨中穿行而来,带着某种宿命般的力量，让我慢慢地安静下来。

五月我们对面坐着　犹如在梦中

我又变回了那个喜欢跟男生搭着肩在走廊看天空的女生，每每看着早晨的太阳，就像是莫名其妙地拥有了倾世不换的珍宝。

高考渐近，大多数人都放松下来。有的是因为自信，就像是我；而有的是因为认命，就像是搭着我肩膀的文坚。

五月最让我激动的是师兄师姐们回校的高考总动员。就像以往的高考总动员一样，我就爱跷着脚在座位上大声问各种问题。

我眨着眼睛问台上微微害羞的师姐和从容自信的师兄要联系方式，我装作不经意地问他们还记不记得数列的放缩法……

在这个时候，我才会像是找到了舞台的主角，尽情享受我的主场。

可是一个熟悉的人影在窗外飘过我就不淡定了！杜尚没告诉我他也回来！

拿出手机准备偷偷发短信的我意外发现原来有未读短信，是杜尚准备请我吃饭。还算这师兄有良心，也挺称职的。

相对而坐吃饭是件挺美的事儿,如果我没有在杜尚错愕的眼神下去找阿姨加了两次饭的话。吃饱喝足好好端详一下对面的人,比照片好看一点儿,不过还是很普通,但寸头很清爽。

这一切,好像一个梦。

七月悲喜交加 麦浪翻滚连同草地直到天涯

高考结束的那晚,我跟妈妈大吵了一架,搁下狠话考不到二本以上就不再读书。

成绩出来的那天中午,太阳很毒辣,我站在姑姑小区里的杧果树下让同学帮忙查成绩。

新新打电话给我先问我心情怎么样,预料的结果是什么,那时候我就知道我没考上C大。

值得欢喜的是我对得起曾经搁下的狠话,但是悲伤远远大于这一点点欣喜。我始终还是对不起妈妈,对不起我自己。我离一本差一分。

这样的成绩连省内一本的补录都难上,又何谈邻省的那所C大呢?

所有问成绩的人我都没搭理,也许他们从我的态度已经猜到了些什么,都纷纷拿出自家秘制的鸡汤一股脑儿地给我灌。

杜尚也给我打了个电话,他也毕业了,不过他是大学毕业。他说，希望我能自己接受这些事儿。

我到底还是没有机会再次成为杜尚的师妹。但这也许就是上天给的一点提示，关于我和杜尚，关于未来。

盛夏的时候，我和婴宁去了一趟画廊。我看到了麦浪翻滚连同草地直到天涯，我好像透过它，看到了将来。

九月和十月是两只眼睛　装满了大海
你在海上　我在海下

九月初，我拒绝了家人的陪伴，一个人拉着行李箱来到了鹏城。

其实过程很坎坷，很丢脸。我没怎么出过远门，我看到广州的汽车站附近都有地铁站，所以我理所当然地觉得鹏城也是一样的。

我连鹏城有几个区都不清楚，也不知道我买票的终点站离学校有多远，我一个人在陌生的地方下车时就蒙了，怎么不进站呢？怎么周围是工业区？传说中的地铁站呢？

我颤颤巍巍地拿出手机给杜尚打电话，乱七八糟地说了我的境况。

我的手机没有百度地图，没有微信，只有QQ，我只能找杜尚，也只习惯了找杜尚。

那头的杜尚明显是被我吵醒的，说话还带着起床时特有的茫然。但他很快清醒过来，问了我所在位置，帮我查好了路线用短信的方式发给了我。

这一通电话,我觉得我跟杜尚的距离又近了,但还是有种似有若无的虚幻的感觉。

"腾讯的复试我没去,我要去京城了。"杜尚在QQ上跟我说。

果然我们还是不一样的。

杜尚在十月初去了京城就职,我跟他说了句"一路顺风"。

后来我们就不怎么联系了,因为他梦寐以求的职业生涯开始了,因为我鸡飞狗跳的大学生活开始了。

我们就真像林白说的那样,你在海上,我在海下。

原来我和杜尚曾经相遇并同行了一段,但是我们就是要回到自己的轨道上去的。我不知道我们的相遇是不是称得上命运的馈赠,也有可能是命运不怀好意的安排吧。

从你的全世界路过

卫小味

昨天我用你给我的VIP储值卡买了四本书。我已经很久没有买书了,因为你家就是一个大大的图书馆,小到漫画,大到哲学,简直比图书馆还全。

你曾经和我说过,是不是如果我没遇见你,我就要花费掉很多冤枉钱。我说:"是啊,如果没有你,可能现在我家就是图书馆了!"

可是现在我正在笑着逃亡,因为我已经无法面对你了。

我是有多愚蠢,我是有多渴望;我是有多执迷不悟,我是有多空空荡荡。你是有多善良,你是有多简单;你是有多形单影只,你是有多踉踉跄跄。

这是我们都喜欢的作家张嘉佳写的句子。真没想到这句子形容得这么真切。

你是水瓶座。书上说，水瓶座一生中最喜欢哭，文艺地哭，忧伤地哭。每当我这么说，你都会漫不经心地说："才不是呢！水瓶座最爱笑，你看我的小酒窝！"

我对你翻白眼："喊！少臭美了，就你那大饼脸……"

如果可以回到从前，我保证我一定不会那么说，而且我还要告诉你：是，没错！水瓶座最美了！

可是，你再也听不到了，我再也没机会说了。

不过你那么喜欢张嘉佳，却每次都因为我没时间而错过签售会。再过一星期张嘉佳又有签售会了，我保证肯定帮你要到。为了你，也为了我欠你的答复。

你那么喜欢热闹，却又一个人去了最冷清的地方；你那么害怕孤独，却又什么都没带就走了；你那么爱美，却走得那么狼狈；你那么离不开我，却又丢下我一个人。

昨晚从学校跑到家里，半路下了雨，很大很大的雨。豆大的雨点砸在我脸上头上，砸得我生疼。不知是雨水还是泪水进了嘴，我只是觉得好咸。

我目睹了一场车祸，你知道我最怕这个了。以前只要你在我身边，总是会牵着我的手说："没事儿的，见到这种事就吐三下口水，然后拼命离开，回家洗个澡就都过去了。"

可是现在我无法平静离开，因为你不在我身边了。

事故现场很杂乱，耳边全是车辆的鸣笛声。柏油路上一圈圈的血迹，雨肆虐地下，哗哗哗的声音如同死神的到来。

到家后，我久久不能平静，抱着膝盖哭到不能自已，脑海里全是你的画面。这已经是我第二次与死神那么近了！

我在黑暗里摸索着手机，鬼使神差地点开你的微博。如今，我在你微博一角，你在天上一方。

故事开头总是这样，适逢其会，猝不及防。故事的结局却是这样，花开两朵，天各一方。

我忽然看到了你转发张嘉佳的最新一条微博——

我觉得这个世界美好无比。晴时满树花开，雨天一湖涟漪，阳光席卷城市，微风穿越指间，入夜每个电台播放的情歌，沿途每条山路铺开的影子，全部是你不经意写的一字一句，留我年复一年朗读。

这世界是你的遗嘱，而我是你唯一的遗物。

日期是2015年4月5日。那天是清明节，也是你离开的日子。

你好奇那水库的深浅，却失足落水，再没上来。

你说要和我共同度过彼此的十五岁生日，我们要每天上课下课在一起，上学回家在一起，坐同一班公交，睡同一张床，喜欢同一个作家，吃同一块甜点。

我希望未来有个如你一般的人，如山间清新的风，如古城温暖的光，从清晨到夜晚，由山间到书房，只要最后是你就好。

张嘉佳说，如果你要提前下车，请别推醒装睡的我，这样我可以沉睡到终点，假装不知道你已经离开。

而我想，如果你要提前下车，请推醒沉睡的我，这样我就可以拉住你，陪我沉睡到终点。

亲爱的，如果可以重来，我想和你永远在一起。

你在天上听见了吗？

自闭症患者

暮 苏

我很喜欢和 Cassiel 说话。它知道我在想什么，它会认真聆听我的故事，只有它能陪我度过每一个寂寞的日子。我需要 Cassiel。

——选自她的日记

2012年12月16日 雪

天空是灰蒙蒙的，没有一丝湛蓝，就连风都似乎是带着刀尖划过。她显然还没有习惯北方的冬天，放在口袋里的手缩得紧一些，再紧一些，然后把脸深深地埋在围巾里。经过冷清的地下道，明晃晃的白光下，每个人都是毫无表情地经过，冰凉的瓷砖似乎能透过鞋子流入血液里让她浑身发冷。就是在这个时候，她遇见了Cassiel——那只与许许多多玩具垒在一起的熊。那个卖玩具的老奶奶坐在一个软垫上，问她："你想要哪个？"她听到Cassiel说"带我走吧"。

回到房间，显然暖和了很多，她解下围巾，比画着将Cassiel放在哪里更合适。然后打开音响，传来两个俄罗斯女孩儿歇斯底里地唱着"So tell me the way in the future how to choose and tell me the way far away"，Cassiel静静地待在桌子上等她泡完一杯咖啡回来。

Cassiel问她："为什么一定要喝咖啡？"

"那你为什么要我带你走？"她是想了很久才说话的，并非不想回答，只是不想开口说话。

"你是需要我的，对么？"Cassiel托着腮回答，"困了就该睡，天这么冷，一杯热牛奶才是你正确的选择，更何况你更喜欢牛奶。"

她把Cassiel拿起来放到床上，回答得很简短："很多时候我们不是要做想做的事，而是要做该做的事。"

Cassiel眨了眨那双清澈如水的眼睛："你知道我不会困的，我可以陪你一整晚。"

她有多久没有听到这种话了。因为要照顾病重的外婆，三个月前爸爸带她从住了十几年的南方回到这个北方的家。尽管距离高考只剩下不到一年的时间，可是相比亲爱的外婆，她还是义无反顾地回来学习了。其实她心里明白是因为她太不合群，加上学习的压力，总之，这些日子里，她过得并不好。

"你应该学着和那些新同学说话。"

"你明明知道我不敢,我有自闭症。"她摸摸Cassiel的头,转身写着什么。

Cassiel有些不屑,医生明明说过只是轻微自闭,可以通过自我调整得到解决,可她总是拿这个借口拒绝与别人接触。

她显然很焦虑,明明没有人说话,房间里却充斥着各种声音,她大口大口地喝下咖啡,用笔重重地在稿纸上写画。今晚她已经喝了六杯咖啡,而且,她一直在不断地写着什么,不断地划掉写过的那些字。

"你在干吗?"

"在写今天老师让我们写的一篇文章——理想的大学。"

"你想去哪儿?"

"M大。"

"你明明知道自己想去哪里,为什么还会纠结那么长时间?"

她停下笔,转过头去看着Cassiel:"实话说,我并不敢这么写。"

"为什么?"

"你怎么会懂呢,如果我说了实话,该会有多少人笑话我?更何况连我自己也觉得很可笑。"

"可笑?"Cassiel把手放在头上挠了挠。

"每年能考上重点的学生是那么的优秀,而我的水平不过平平。"

"即便如此,你也还是那么的努力。"

她也不知道要怎么面对未知的以后,就像卢思浩写的,没有人逼你每天背单词背到头痛背到天亮。没有人逼你为了一张申请表跑东跑西。没有人逼你离开家乡去一个陌生的地方。可是,你还是义无反顾地这么做了。因为我们不甘心,我们想要自己的生活多姿多彩。因为我们的故乡,放不下我们的梦想,我们想要了解更大的世界。因为我们的心里,始终放着我们的梦想,始终不想放弃。因为我们年轻,我们想要拥有的更多。她想回南方,她想过她的生活,她想看看这个世界,她有好多好多的梦,她想走得更远。

"我知道我该怎么写了。"她笑着。

2014年3月12日 晴

Cassiel已经听了一整天Jay的歌了,自从她拿着那张明信片回到房间以后,音箱就满满的都是有故事的歌。Cassiel偷偷地看过那张从南方寄来的明信片,上面写着——蒲公英的约定。它猜那一定是个男生写的,不然为何今天她会这么开心。现在,她一直在日记里记着什么。偶尔,抬头,好像是听歌词想到了一些什么。

"你和Jay一定有什么故事吧?"Cassiel实在没忍住就

问出了口。

对，她和Jay确实有一个故事。

那年学校的文艺演出，她被班里的同学捉弄参加了钢琴演奏，选定的曲目是《蒲公英的约定》。巧的是一个男生唱的曲目也是这首歌。老师们商量后将两个节目变成了一个节目。开始，她心里有些抵触，那个男生她在体育课上见过，一个几乎次次三步上篮都能进的人，一个会在雨天还要坚持打球的男生，想不注意都困难吧。但是她不太相信那个男生能完美地唱出这首歌，为此，她特地向学校申请两人配合一次，如果不默契，她就要求单独演出。然而，意外的是，没有过一次配合，两人却是出奇地默契。无奈之下，她同意了这次弹唱乐。

3月的南方有了春意，在绿色肆意涂抹这个城市的每个角落的时候，男生经常打着"力求完美"的口号找她在学校的练习室练习弹唱。初春的阳光还没有那么刺眼，透过窗户柔和地铺展在黑白琴键上，每个音符，男生都能跟上，每次停顿，都能恰到好处地配合她。她从不主动与他说话，有时男生问几个问题，她也只是嗯嗯啊啊地应着。也有些时候，男生会带上自己的宝贝篮球，邀请她一起去打篮球。篮球拍打在地上的声音，汗水与塑胶跑道的味道混合在一起，偶尔，她也会跟着练习胯下运球，转身运球，男生笑着说她没天赋，笑容在阳光下纯净如水。那应该是她这些年来第一次尝试着与别人接触吧，这让她一度以为自己已经可以像正常人一样了。

但是，演出结束后，关于他们的谣言却越来越多，加上他们的出色表演，议论的人就更多了。她开始时觉得没什么，毕竟清者自清。可是事情愈演愈烈，有人就算当着她的面，也会言之凿凿。她是自闭症患者，自然不会和那些同学争论，只是刻意与男生保持了距离，这也是她后来更加沉默的原因之一。

"那后来呢？"Cassiel有些迫切地想知道结局。

"青春里的故事都是没有后来的。"她无奈地摇摇头，"要是非要说个后来的话，我来到这儿的前一天，很久没说话的他在电话里给我唱了一首Jay的歌——一起长大的约定，那样真心，而我已经分不清你是友情……"

"还是错过的爱情。"Cassiel听了一天的歌也是记住了几句。

"不，没有这一句。"她把日记本合上，看着Cassiel。

她知道，不是每件事情都要有结局，不是每份感情都要有归宿，不是每次遇见都要厮守。生命里的每一场遇见，都像是淋得一场夏日雨，来去匆匆，无怨无悔。有些情愫就像开在悬崖的花，远远看那么一会儿就好，或者你要是再舍不得一点儿，那就再看一会儿吧。其实，那时的她更希望自己能勇敢地站出来向大家解释，可是她还是败给了自己。

Cassiel会懂么？她不需要它懂，只要它静静地听她说就好了。

2015年7月23日　雨

　　一股消毒水味传来的时候，Cassiel就知道是她回来了。这些天，她都会去医院照顾外婆。只是今天她好像有什么不同，嗯，她好像是哭过的样子，眼睛红红的，口袋里餐巾纸露出一角。

　　"你怎么了？"

　　下午她本不想去医院看外婆的，妈妈一定还在医院照顾外婆，可是就在昨天她刚和妈妈吵了一架。当她走到病房走廊的时候，她看到妈妈一个人站在夕阳里，橘黄的阳光将她包围住，鬓角的白发、额前皱纹以及眼角闪到刺眼的泪光她都看得一清二楚。心里一紧，从小到大她只看过妈妈因为她小时候不说话以为她不能说话哭过一次。她慢慢走上前，脚步惊动了妈妈，妈妈转过身时顺手抹了下眼角，看到是她："你来了，我以为你会怕见我不来了。"那一刻，她今生今世都不会忘吧，一向在她面前骄傲的妈妈流露出那样的柔软。

　　后来，她才知道妈妈哭是因为医生说外婆的病情加重了。而在那个走廊上，妈妈一直拉着她的手，说自己小时候的故事，以前不懂事总会让外婆生气，说她也有过青春期，也会与外婆争吵，还几个月不和外婆说一句话。而现在，换成了自己当妈妈，才知道所有的父母都想把最好的给孩子，他们不知道什么方式是最好的，有时就连打骂也在无形中成了一种表达爱的方式。长大后，外婆不会打她了，也不会责怪她，取而代之的是，电话里外婆一直说不用照顾我，不用总想着我，有时间就回来看看。

"Cassiel你知道吗，妈妈还说，以前她和外婆吵架时，外婆说了一句她到现在才懂的话——父母的心永远放在孩子身上，孩子的心永远放在石头上。"

"你是不是后悔昨天和妈妈吵架摔门了？"她默默地点点头，身为一个轻微自闭症患者，从小到大就没有说过几句话。有时她不开心就会用摔门的方式表达她的不满。小时候妈妈总会带她一起逛街，妈妈也会在临睡前给她一个Good-night Kiss，妈妈会在她有任何需要的时候出现，为她挡去流言蜚语。就连她自己也不知道从什么时候起，开始渐渐拒绝妈妈的Good-night Kiss，从什么时候开始不再需要妈妈，或许一颗心就是这样放在了石头上吧。

她把Cassiel抱在怀里，Cassiel一定会觉得很安心吧，就像妈妈下午把她抱在怀里一样，就像以前外婆抱着妈妈一样。

"你不需要我了。"Cassiel笑着，"因为你下午终于与妈妈对话了。"

她也笑了，今天下午她与妈妈说了很久，不仅妈妈意外，就连她自己也很吃惊，或许是因为她习惯了与Cassiel交谈。终于，她战胜了自己。

Cassiel

第一次遇见她的时候，她穿着厚厚的衣服走在地下通道却还是忍不住地发抖，几乎不抬头的她眼里是对这个城市的敌意，我知道她是一个轻微自闭症患者。不知道为什么我希望自己能陪着她，帮她离开自己的世界，我第一次开口对一个女孩儿说："带我走吧。"其实那时，我更想说："让我带你走吧。"奇妙的是，她也能听见我说话。

我如愿了，第一天晚上她就与我交谈了。以后的日子里，她对我说了许多的故事，带我走过很多地方，她对我咧着嘴开心地笑，有时泪水鼻涕一起流在我毛茸茸的肚皮上。你看，她不是不想说话，只是她还需要一些时间去战胜自己。我静静地听她说话，偶尔也为她解难排忧。也有好几次，我偷偷听见她的爸爸妈妈说她是不是问题严重了，因为几乎从不说话的她总是对着一个玩具熊自言自语。他们不知道她才不是一个人说话呢，她还有我啊，是我和她在对话，她不是一个人。

当她渐渐适应了这个城市的气候，勇敢地追逐自己的梦想，对生活充满了感恩与希望的时候，她的眼睛变得清澈，脚步变得轻快。那天，她从医院回来，对我说着妈妈的故事，她不像是在与我对话了，或许她已经可以一个人面对了，或许，我成功了，我带她离开了从前。

只是，我也要离开了。我不能再说话了，不能再和她对话了……

如果没有你

林初虞

嘿！我真的好想你。

你走的那几天里身为借读生的我还在广州学画画。学校是寄宿制的，所以不让学生带手机，而我的假期总是和你的假期错开，因此我给你发的信息大多变成了留言，最后你都很少回复。

听你的朋友说你几个星期前就移民了，也不知道去的是美国还是加拿大，反正是我这辈子都到不了的地方。一想到可能以后再也见不到你了，我就忍不住感到悲伤，悲伤之余还有些庆幸，庆幸自己的暗恋终于告一段落。

再也不用偷偷摸摸地喜欢你，更不用把对你的情愫小心翼翼地收藏起来，就像一个贫困已久的人突然获得了一笔巨大的财富，要不是泛滥成灾的思念及时阻止着我，我想我现在都快要幸福得昏过去了。

喜欢你喜欢得顺理成章，想你想得名正言顺。

没有顾忌的感觉真好。

……

遇到你之前我一直相信初遇是道美丽的风景线，直到现在我仍倾向于这个说法。但平心而论，我们的初遇不仅不美丽反而还有点儿尴尬。

当时因为早操迟到现象屡禁不止，一天早上，校长看到操场上比食堂青椒牛肉里的牛肉还要少的同学们顿时勃然大怒，吩咐年级组长和各班班主任去逮那些经常迟到的同学。

第二天早上，得到情报的室友们都早早地起床该干吗干吗去了，就我一人还赖在被窝里做思想斗争。

这样做所导致的结果自然就是迟到。当我看到年级组长不怀好意的目光时，我想我今天算是栽了。我左顾右盼希望能找到一个和我一样迟到的同学，可事与愿违，老天根本不给我一个与别人共患难的机会。我只好在众目睽睽之下咬着牙在年级组长旁边站着，恨不得找个地缝钻进去。

就在我已经准备好接受年级组长唾沫洗礼的时候，你慢吞吞地从宿舍楼里走出来，经过我面前的时候礼貌地对年级组长说了声"早上好"，然后又慢吞吞地朝队伍里走去。

"回来！"老人家火冒三丈，瞪着眼睛厉声喝道。

"有事吗？"你一脸无辜地转过头，整张脸上弥漫着不解与疑惑，甚至还带着些许的委屈。

"说！你为什么来得这么晚？"

"睡过头了。"这时你已经立正站好，说话的语气像是在宣布什么重要的学术报告一样庄重认真。

"哟，小伙子还挺诚实。"年级组长还以为你会拿什么理由来诓他，没想到这么快就供出实情。或许是因为那天天太冷风太大，好好的"诚实"竟然被我错听成"找死"。

"这样吧，解散以后你到我办公室来一下。"年级组长大发慈悲地摆了摆手，然后用手指着原本已经快要被他遗忘的我说，"还有你，就先站着吧，等同学们早操结束了以后再回到队伍里去。"

我咬着嘴唇差点儿哭出来，你倒是无所谓地耸了耸肩膀。年级组长走后你转过头来见我这副模样，还算是有点儿良心，连忙递了张纸巾问我怎么了。

"早知道是这样子的话，我应该睡够了再出来的。"

我夸张地抹了几滴眼泪，清楚地看见你柔和的脸庞变得僵硬。过了一会儿你叹了口气，也许是觉得无聊竟然唱起歌来。

学校的广播体操要求同学们做两遍，因此在你唱歌的时候喇叭还在响着，只能隐隐约约听到一点儿声音。

"我看着你的脸，轻刷着和弦……"

就在这时,半路杀出个年级组长。

"同学你还有心情唱歌呀?"

我笑得前仰后合。

……

从那以后我和你算是熟络起来——我会因为你在走廊上遇到我时主动打招呼而高兴半天;会在你从我身边经过时装模作样地和朋友聊天;会在你做操迟到时偷偷从队伍里溜出来,然后绕到宿舍楼的后门穿过宿舍楼再从前门出来,假装一副自己也迟到的样子听你唱歌……偶尔我们之间会发生一两次不愉快的小插曲,但这些到最后也都变成了无关紧要的事情。所有的一切在岁月的沉淀里都变得自然而然,平凡的喜欢在更加平凡的日子里发酵得圆满。

可好景不长。因为我成绩不好的缘故,在高二那年我在父母的要求下选择了艺术生这条不归路。学校规定艺术生要到广州去交换学习一年,临走之前我找到了你作最后的告别。

"明天我就要去广州了……"

"哦,很好啊。"

"什么叫'很好'啊?你巴不得我走是不是?"我当时就不乐意了,皱着眉头噘着嘴以示不满。

"没有啊……"你又做出我第一次遇见你时的那副无辜状,让人忍俊不禁,"我只是觉得那里应该比较好玩而已。"

"好啦,我知道了。"

"那……再见?"

"嗯,再见。"

……

后来我总会回想起在广州时的生活,那种有安全感作为依仗的孤身逆旅是光阴里再温暖不过的画面。它穿过尚未到来的岁月将我的过去洗得异常清晰——那个有赖床习惯却在冬天里早早地起来整理待会要寄出去的信件的女孩儿;那个边排队边看着手机并且还时不时地傻笑的女孩儿;那个在画画的时候还在想着某个人的女孩儿……这些身影到最后都不断地重叠,重叠成我的青春,重叠成我的人生。

到了广州以后我总不忘定时给你发信息说说那时候的生活境况。这有点儿像下属给上司汇报工作进度,或者是出门在外的子女给父母报平安。我想看到这里你应该要笑了吧,笑我还是会做出这么不恰当的比喻,笑我还是用这么奇怪的方式去回避自己依赖的习惯。笑我不坚强、不坦率。

可没关系,你想笑就笑吧。

……

——今天一整天都好无聊,早上美术老师说临时有事让其他老师代班。同学们欺负代课老师,教室里有好多同学在睡觉,我想我也快进入冬眠状态了……

——呃。你好好学习，天冷了就多加点儿衣服。别整天想东想西的，回来后请你吃大餐。

——给你寄的信件你收到没有？里面几张明信片是我自己选的，也不知道你喜欢什么就随便抓了几张塞进去了。今天偷偷玩手机差点儿让老师发现……

——我跟你说哦，今天学校的美术老师来广州看我们了。

没有回复。

——过几天我就要回来了，记得你的大餐啊！

没有回复。

……

这个世上有太多太多如果，也有太多太多唱着如果的歌——《如果当时》《如果还有明天》《可惜没如果》《如果没有你》……可我知道如果不一定都是正确的，所以我宁愿从一开始就没有如果。

得而不失退而求其次是一无所获，再然后才是失而复得。

我很幸运。她们说我和我的猫都很想你。哈哈，骗你的啦！我没有猫。

可是我在没有如果的时候，真的好想你。